Whitehorse
Junction
Mount Logan
6050
Mount Vancouver
4785
5489
MOUNTAINS
Johnsons Crossing
Teslin
Watson Lake
Carcross
Tagish Lake
Teslin Lake
Yakutat
Yakutat Bay
Mount Foster
2172
Skagway
White Pass
Atlin
Atlin Lake
Swift River
CASSIAR
Lower Post
Liard River
Fort Nelson
Haines
Cassiar
McDame
Dease
Kechika
Liard
4663
Mount Fairweather
Glacier Bay
Lynn Canal
Devils Paw
2616
STIKINE RANGES
MOUNTAINS
Muncho Lake
Mount Roosevelt
2972
2819
Summit Lake
Churchill Peak
2987
Mount Smythe
Gustavus
Juneau
Dease Lake
2407
Cross Sound
Hoonah
Douglas
Telegraph Creek
Mount Cushing
2644
Ware
CHICHAGOF
ADMIRALTY
Mount Ratz
3136
Stephens Passage
Chatham Strait
Stikine
Iskut
Finlay
SKEENA MOUNTAINS
OMINECA MOUNTAINS
KRUZOF
Sitka
2957
ALEXANDER
KUPREANOF
Petersburg
BARANOF
KUIU
Wrangell
2729
Mount Pattullo
ETOLIN
Omineca
Christian Sound
2659
Shedin Peak
Stewart
ARCHIPELAGO
PRINCE OF WALES
REVILLA-GIGEDO
Takla Landing
Craig
Ketchikan
Hazelton
Nass
British
Metlakatla
Babine Lake
Fort Saint
Stuart Lake
DALL
Smithers
NECHAKO
Terrace
Dickinskuppe
475
Dixon Entrance
Prince Rupert
Burns Lake
Vanderhoof
Cape Knox
Kitimat
PLATEAU
Skeena
Masset
Atna Peak
2775
925
GRAHAM
PITT
Hecate Strait
Nechako Reservoir
Colu
KITIMAT RANGES
45
1250
QUEEN CHARLOTTE
ISLANDS
BANKS
Sandspit
PRINCESS ROYAL
2365
COAST MOUNTAINS
ROCKY MOUNTAINS
Monarch

Leosch Schimanek

KANADA - ALASKA

Mit dem Schlauchboot durch die Wildnis

Badenia Verlag

Seite 1:
Der Stikine River ist einer der wildesten Flüsse in Nordwest-Kanada, sein Grand Canyon extrem schmal, sein Delta dagegen bis zu fünf Kilometer breit. Fast zwei Monate lang fuhren wir zu fünft auf den trüben Stikine-Gewässern durch eine von Menschenhand kaum berührte Wildnis. Im größeren der beiden Schlauchboote waren zumeist meine Frau Lenka, Sohn Jakob und Freund Georg. Unser Hund Nanook pendelte von einem Boot zum anderen.

Seiten 2/3:
Freunde wollten mit mir wetten, daß wir mit „Quicksilver", dem kleineren der beiden Schlauchboote, niemals den Pazifik erreichen würden. Zugegeben: Manchmal half uns nur das Glück, die gefährlichsten Stromschnellen und die tobenden Stürme auf dem Meer heil zu überstehen.

Seiten 4/5:
Die schönsten Berge, die ich je gesehen habe, fand ich in der Glacier Bay an der alaskanischen Pazifikküste. Bis zu fünftausend Meter erheben sich ihre Gipfel. Gletscher fließen ihre Hänge hinunter und kalben in die engen Fjorde.

Seiten 6/7:
Vom Le Conte Glacier, dem südlichsten Gezeitengletscher Nordamerikas, treiben Eisberge an dichten Wäldern vorbei zum Frederick Sound. Der Sound ist an der Mündung der Le Conte Bay fast zwanzig Kilometer breit. Den großen Eisbergen kamen wir lieber nicht zu nahe. Sie können sich um ihre Achse drehen und kleine Boote wie unsere mitschleifen.

Seite 8:
In Petersburg am Frederick Sound habe ich einem Fischer eine Krabbenfalle abgekauft. Damit fingen wir Dutzende von Dungeness-Krabben und manchmal auch Tanner-Krabben mit ihren langen dünnen Beinen.

Die Deutsche Bibliothek – CIP-Einheitsaufnahme

Schimanek, Leosch:
Kanada-Alaska : mit dem Schlauchboot durch die Wildnis / Leosch Schimanek. – Karlsruhe : Badenia-Verl., 1995
(Abenteuer heute)
ISBN 3-7617-0311-2
NE: HST

Vor- und Nachsatz:
Links Alaska-Karte, rechts Detailkarte von Süd-Alaska mit freundlicher Genehmigung entnommen aus: Knaurs Atlas der Welt, © 1994 deutsche Ausgabe: Lexikographes Institut/Droemer Knaur Verlag, München.

Fotos: Alle Aufnahmen sind von Leosch Schimanek.
Das Titelfoto hat der Autor auf dem Shakes Lake in Alaska – im Hintergrund der Castle Mountain – aufgenommen mit der Kamera LEICA R 6 und dem Objektiv LEICA ELMARIT-R 1:2,8/35 mm auf dem Film KODAK KODACHROME 64.
Alle anderen Fotos wurden mit LEICA R Kameras und LEICA R Objektiven fotografiert auf KODACHROME 25- und 64-Filmmaterial.

Herstellung:
Badenia Verlag und Druckerei GmbH, Karlsruhe

Gestaltung/Design:
Werner Münkel, Karlsruhe

Printed and Bound in the Federal Republic of Germany

ISBN 3 7617 0311 2

Inhaltsverzeichnis

Vorwort

Jahrelang habe ich nur davon geträumt. Gewagt habe ich es nie, mit den Booten, wie ich sie besaß, die Canyons des Stikine-Flusses oder gar die Inside-Passage zu befahren. Doch Said, mein alter Freund aus Watson Lake, hat einmal zu mir gesagt: „Wer nicht wagt, der kann auch nicht gewinnen. So, wie du es geschafft hast, am Clark Lake das Blockhaus zu bauen, so wird es dir auch gelingen, von hier zum Pazifik zu gelangen. Und wenn es auf dem Meer zu riskant wird, kannst du ja immer noch umkehren."

Diese Worte gingen mir nicht mehr aus dem Kopf. Die ernsten Bedenken von anderen Freunden, die sich in der Gegend auch auskennen, schlug ich in den Wind, nachdem ich die richtige Mannschaft gefunden hatte.

Mit Lenka hatte ich zuvor Rußland bereist, und das war eine gute Bewährungsprobe. Auf sie konnte ich mich auch im Nordpazifik verlassen. Kennengelernt habe ich Lenka im Adler-Gebirge, wo auch ich aufgewachsen bin. Nach meiner Übersiedlung in den Westen dauerte es mehr als zwanzig Jahre, ehe ich wieder in meine böhmische Heimat einreisen durfte. Lenka ist fast so groß wie ich selbst, und das imponierte mir ebenso wie ihr Beruf: Sportlehrerin. Auf unserer Tour durch Rußland stieß am Baikalsee auch ihr Sohn Jakob zu uns, und ich war erstaunt, wie schnell der Junge sich dort auf dem Segelboot einlebte. Als Lenka und ich heirateten, war es für mich keine Frage, daß auch Jakob uns nach Kanada und Alaska begleiten würde.

Georg und Betlas lernte ich im Pamir kennen, dem höchsten Gebirge der früheren Sowjetunion. Wie Lenka stammen auch die beiden aus Ostböhmen. Im kommunistischen Ostblock war seinerzeit für Tschechen kein anderes Hochgebirge zugänglich gewesen. Als ich im Basislager unter dem Pik Kommunismus meinen Freunden von den Gletscherbergen in Alaska erzählte, wollten sie nicht glauben, daß es noch schönere Berge geben könnte als im Pamir, dem Himalaya-Knoten. Und dort ist auch der Plan entstanden, gemeinsam auf den Wasserwegen bis zur Glacier Bay zu fahren. Inzwischen haben sich Georg und Betlas meiner Überzeugung angeschlossen: Auch sie sagen jetzt, daß die alaskanischen Küstenberge die schönsten Berge überhaupt seien.

Was mir damals schon längst vertraut war, fanden die beiden höchst aufregend: Visa besorgen, günstige Flugtickets für die Reise über den Ozean kaufen, bei den Sportartikelanbietern die richtige Ausrüstung auswählen. Meine beiden Freunde mußten auch ihre Arbeitsplätze kündigen, denn wo auf der Welt kriegt man schon ein dreiviertel Jahr Urlaub. Betlas und Georg sind nicht nur hervorragende Bergsteiger, sondern ebenso gute Organisatoren. Da beide gewaltig sparen mußten, kauften sie Flugtickets nur nach New York. Von dort wollten sie per Anhalter nach Nordwestkanada gelangen und verließen Europa deshalb schon zwei Monate vor uns.

Ihre ersten Erfahrungen mit Amerika hatten sie bereits hinter sich, als sie Lenka, Jakob und mich Anfang Mai in Watson Lake im Yukon-Territorium wieder trafen. Und sie hatten sich bei meinen Freunden dort mit allen möglichen Reparaturarbeiten beliebt gemacht. So stapelte sich auf Saids Hof ein riesiger Berg Feuerholz, den die beiden zusammengetragen hatten. Said, der einzige Arzt weit und breit, hat einen umfangreichen Bekanntenkreis, und überallhin mußten die beiden „Czech Guys" ihn begleiten, keine einzige Party im Dorf ließen sie aus.

Auch meinen alten Ford-Bus brachten sie wieder in Schwung. Von den, in Watson Lake gelagerten, Schlauchbooten hatten sie längst Besitz ergriffen und waren damit zum Angeln hinausgefahren. Auf diese beiden konnte ich mich voll verlassen. Das war für mich wichtig nach dem Ärger auf unserem letzten Bootstrip, der Nord-West-Passage-Expedition, einer Fahrt auf den Wasserwegen quer durch Nordamerika."*

---

*Als Buch erschienen im Union Verlag Stuttgart unter dem Titel „Die Nord-West-Passage. Mit Schlauchbooten und selbstgebautem Segelschiff durch Nordkanadas Wildnis nach Alaska"

Mit meinem uralten Bus waren wir – Lenka, Jakob, Georg, Betlas, ich und unser Hund Nanook – nach Telegraph Creek unterwegs. Dort begannen wir die Flußfahrt auf dem Stikine River, die an der Nordpazifikküste endete.

Inland Passage Expedition
BOŠWARE
FORD
MEINDL

Das Abenteuer beginnt

„Mann, was hast du dir da bloß ausgedacht! Am Stikine soll es vor Grizzlybären nur so wimmeln und an der Pazifikküste vor Killerwalen! John, der alte Trapper aus Upper Liard, sagte mir gestern, daß wir total verrückt seien, uns auf so einen Horrortrip einzulassen." Mit diesen Worten empfängt mich Georg, als wir in Watson Lake aus dem Bus steigen.
„Immer mit der Ruhe", versuche ich ihn zu besänftigen, „jetzt wollen wir erst mal unser Zeug ausladen."
Lenka hört das Gespräch mit an, und es bleibt mir nichts anderes übrig, als mit meinen Erklärungen sofort zu beginnen.
„Das wird wohl richtig sein, daß es dort in der Wildnis mehr Bären gibt als hier in Watson. Wir holen aber unseren Nanook in Ross River; der Hund wird sie schon verscheuchen. Und daß Killerwale Menschen angegriffen hätten, habe ich noch nie gehört. Sie heißen so, weil sie mit Vorliebe Seehunde töten. Ich freue mich auf die vielen Killerwale, die ich bisher nur in Einzelexemplaren in Meeresaquarien bewundern konnte. So, und nun müssen wir wirklich unseren Kram ausladen, sonst fährt der Bus damit nach Whitehorse weiter."
Lenka und ihr Sohn Jakob sind schon zum zweitenmal hier im Yukonland. Und sie wissen daher, daß die meisten der wilden Bärengeschichten frei erfunden sind. Alle Grizzlys, denen wir bisher begegnet sind, gingen uns aus dem Weg. Mit den Orcas, den Killerwalen, haben wir aber noch keine Bekanntschaft gemacht. Da müssen wir uns auf die Aussagen der Fachleute verlassen.
Wir laden das Gepäck aus dem großen Bus in meinen kleinen, mit dem meine Freunde Georg und Betlas zur Bushaltestelle gekommen sind. Und bald darauf sitzen wir alle fünf bei Said, dem Dorfarzt, im Wohnzimmer, wo sogleich die Bärendebatte fortgesetzt wird.
Said war sofort vom Krankenhaus nach Hause geeilt, als ihn Debra, seine Frau, angerufen und unsere Ankunft mit dem Bus mitgeteilt hatte. Daß er ein Arzt im Dienst ist, könnte man allenfalls aus seinen weißen Schuhen schließen. Dazu trägt er Jeans und ein buntes Hemd und hätte in diesem Aufzug genausogut auch vom hiesigen Golfplatz heimkommen können.
„Vor ein paar Jahren", berichtet Said, „war ich mit einem Freund auf dem unteren Stikine River. Damals haben wir Dutzende von Bären gesehen. John hat schon recht mit seiner Behauptung. Aber kein einziger von diesen vielen Grizzlys hat auch nur die geringsten Anstalten gemacht, uns anzugreifen. In unseren Zeltlagern haben wir allerdings den Proviant immer hoch zwischen zwei Bäume gehängt."
Said wendet sich an Georg, der unserem Unternehmen offensichtlich mit den größten Bedenken entgegensieht: „Weißt du, das ist überall auf der Welt gleich. Die Menschen brauchen irgend etwas, wovor sie sich fürchten und worüber sie Schauermärchen erzählen können. In Afrika sind's die Löwen, in Asien die Tiger und hier eben die Grizzlys. Aber diese angeblich so gefährlichen Ungeheuer haben eines gemeinsam: Sie greifen den Menschen, wenn er sich richtig verhält, äußerst selten an. Natürlich, wenn du dem Bären deinen Freßbeutel wegnehmen willst, nachdem er ihn bereits erbeutet hat, wird er ihn mit Zähnen und Klauen verteidigen. Und wenn du die niedlichen Jungbärchen streicheln willst, kannst du von ihrer wütenden Mutter dein blaues Wunder erleben. Menschliches Fehlverhalten solcher Art ist die Ursache der meisten Tierattacken in den Nationalparks. Aber so naiv bist du ja wohl nicht, Georg?"
Damit ist das Thema Bären beendet, und ich will von Said etwas über den Fluß erfahren, den ich bis jetzt nur aus den Landkarten kenne. Die aber habe ich bereits gründlich studiert.
Der Stikine River scheint Saids Lieblingsgewässer zu sein. „Alle Flüsse im Yukonland oder in den Nordwest-Territorien, die ich mit dem Boot befahren habe, sind nichts im Vergleich mit dem Stikine. Der übertrifft alle. Seine Stromschnellen sind reißender, die Berge höher und wuchtiger, die Wälder wilder und dazu die vielen, vielen Tiere. Manchmal hatte ich den Eindruck, als ob wir mit dem Boot auf einer breiten Straße bergab rasten. Die Wassermassen des Stikine stürzen sich geradezu durch die Canyons zum Pazifik . . ."

Anfang Mai, als wir auf dem Cassiar Highway zum Stikine River fuhren, konnte ich Grizzly-Bären aus der Nähe beobachten. Sie kommen an die Straße, um das junge Gras zu fressen. Mit vegetarischer Schonkost regenerieren sie den Magen nach dem langen Winterschlaf.

„Sind die Stromschnellen denn nicht gefährlich?" unterbricht Lenka den Arzt.
„Mit dem Kanu schon, aber mit den Schlauchbooten braucht ihr keine Angst zu haben. Ich will mit Debra und meinen beiden Töchtern auch mal wieder hin und werde gerne eure Schlauchboote ausleihen. Ihr müßt nur auf die Logjams aufpassen. Das sind entwurzelte, angeschwemmte Bäume mitten im Fluß. Wenn du da mit dem Boot hineingerätst, kann dich die Strömung unter die Logjams ziehen, und dann bist du verloren." Said sagt es mit ernstem Gesicht.
Wir sprechen deutsch, weil Lenka und Jakob kaum Englisch verstehen, aber nun wiederum kann Debra unserer Unterhaltung nicht folgen. Als sie ihren Namen hört, will sie wissen, worum es geht. Sie freut sich auf ihren nächsten Stikine-Trip. Jeden Herbst macht sie mit ihrem Mann eine Flußfahrt, aber nicht nur zum Vergnügen, denn jedesmal kehren sie vollbeladen mit Elch- oder Karibufleisch heim. Im vergangenen Herbst haben die beiden einen Elch geschossen, und ihre Tiefkühltruhe ist immer noch halb voll damit. Debra verspricht, uns so viel Fleisch mitzugeben, wie wir nur verbrauchen könnten.

*

Es folgen einige Tage, wie man sie vor jeder Expedition in Kauf nehmen muß. Zuerst holen wir Nanook, der den Winter bei Herrn Pfarrer Veyrat von der St.-Michaels-Mission in Ross River verbracht hat. Der Hund freut sich unbändig, als er uns erkennt. Er weiß genau, daß für ihn jetzt eine schöne Zeit beginnt, daß er nicht mehr als Schlittenhund arbeiten muß und nicht mehr an die Kette gelegt wird.
Von Ross River fahren wir weiter nach Whitehorse, der Hauptstadt von Yukon, um Proviant einzukaufen und noch genauere Karten vom Stikine River. Meine Karten haben einen zu großen Maßstab und eignen sich nicht für eine Bootsfahrt auf diesem so schwierigen Fluß.
Danach beginnt in Watson Lake das große Packen, bis wir endlich startbereit sind. Zu unserem Gepäck gehört nun auch eine riesige Styroporkiste mit gefrorenem Elchfleisch, das Abschiedsgeschenk von Said und Debra.
Auf einer Schotterstraße, dem Cassiar Highway, erreichen wir nach eintägiger Fahrt die kleine Ortschaft Dease Lake im Norden von Britisch-Kolumbien. Dort wohnt Jim, ein Buschpilot, der sich in dieser Gegend wie kaum ein anderer auskennt.
„Was hältst du davon, wenn wir an der Stikine-Brücke unseren Trip beginnen?", frage ich den Freund, nachdem ich ihn über unseren Plan informiert habe. „Das Auto können wir dort stehenlassen und im Herbst wieder abholen."
„Deine alte Kiste klaut bestimmt keiner", lacht Jim, „aber die Fahrt durch den Grand Canyon, der gleich hinter der Brücke anfängt, hat noch keiner lebend geschafft. Steigt in meine Cessna, dann zeige ich euch, was zwischen den Felswänden los ist. Dann läßt du deinen Plan garantiert sausen."
Mit seinem Geländewagen bringt uns Jim zum Flugplatz. Seine Cessna hat sechs Sitze, so daß wir alle Platz haben. Georg und Betlas sind noch nie mit so einer kleinen Maschine geflogen. Lenka und Jakob waren im vergangenen Jahr mehrmals damit unterwegs, denn unsere Blockhütte in den Nordwest-Territorien ist nur mit dem Wasserflugzeug erreichbar.
Wenige Minuten nach dem Start befinden wir uns bereits über dem Canyon, der sich tief in die Felsen hineingefressen hat.
„Da willst du runterfahren? Das ist doch blanker Wahnsinn!" ruft Lenka, als wir auf die brodelnden Wassermassen hinabschauen, die zwischen hohen senkrechten Felswänden hindurchschießen.
„Jetzt will ich das auch nicht mehr", beruhige ich sie, „wir sind doch zu Jim gefahren, um unseren Plan mit ihm zu besprechen."
Und den Piloten frage ich: „Von wo an läßt sich der Stikine überhaupt befahren?"

*Seite 17:
Einem Schwarzbären rückte ich so dicht auf den Pelz, daß ich ihn porträtieren konnte. Im Gegensatz zu den Bären in der völligen Abgeschiedenheit sind jene, die in der Nähe von Siedlungen und Straßen leben, an die Menschen gewöhnt und haben keine Scheu vor ihnen.*

*Seiten 18/19:
Den Stikine River halte ich für den eindrucksvollsten Fluß in Nordwest-Kanada. Er schlängelt sich durch tiefe, enge Canyons, passiert gigantische Gletscherberge ebenso wie undurchdringliche Regenwälder. Außer Telegraph Creek, einem Dorf aus den Goldfieberjahren des 19. Jahrhunderts, gibt es am Stikine keine bewohnte Siedlung. Das Land zu beiden Seiten des Flusses ist weitgehend unerschlossen.*

„Ein Stück weit müssen wir noch fliegen. Unterhalb von Telegraph Creek ist eine geeignete Stelle zum Einsetzen der Boote. Bis dorthin gibt es auch einen Weg. Von da an sind die Stromschnellen nicht mehr so wild."

Nach einer halben Stunde überfliegen wir Telegraph Creek, einen kleinen Ort aus der Goldgräberzeit, und gleich darauf deutet Jim nach unten: „Siehst du die Bachmündung und daneben die Wiese? Das ist die Stelle, die ich meine. Die drei Inseln da vorne sind die Three Sisters und dahinter die Bad Rapids. Dort müßt ihr achtgeben, diese Schnellen sind im Frühjahr recht gefährlich. Dahinter kommen noch ein paar, aber die kann ich euch nicht zeigen. Wir müssen umkehren, ich habe nicht mehr genug Sprit im Tank."

*

In den frühen Morgenstunden sind wir schon wieder auf Achse. Nach Jims Berechnung müßten wir nachmittags am Dodjatin Creek ankommen, an jener Stelle also, die wir vom Flugzeug aus gesehen haben. Dort wollen wir unser Lager aufschlagen und die Flußfahrt beginnen.

„Guck mal, da ist ein Bär!" schreit Jakob plötzlich. „Halte an!"

Ein Schwarzbär labt sich an dem jungen Gras, das an der Straßenböschung wächst, friedlich wie ein Schaf. Für Georg und Betlas ist es die erste Begegnung mit einem Bären.

Wir springen aus dem Wagen, der Bär läßt sich nicht stören, er übersieht uns einfach und frißt in aller Ruhe weiter. Da nehme ich die Kamera, mache ein paar Bilder mit dem Teleobjektiv, gehe dann näher auf den Kerl zu, wechsle unterwegs das Objektiv und stehe schließlich keine zwei Meter mehr von Meister Petz entfernt. Er denkt nicht daran wegzulaufen. So etwas habe ich noch nie erlebt. Ich kann ihn geradezu porträtieren. Als ich ihm bis auf einen Meter auf den Pelz rücke, seinen Kopf formatfüllend im Sucher, reißt er die Schnauze so weit auf, daß ich alle seine Zähne sehen kann. Nein, er will mich nicht angreifen. Er scheint mich eher zum Gähnen langweilig zu finden. Darauf ziehe ich mich zurück.

„Hast du da nicht etwas übertrieben?" empfängt mich Lenka, als ich zum Auto zurückkehre. „Ich dachte schon, der Bär beißt dir das Objektiv ab."

„War das vielleicht einer, der vom Zirkus abgehauen ist?" lacht Jakob.

Georg kann nur staunen: „Wenn sich alle Bären wie dieser benehmen, warum erzählen dann die Leute hier solche Horrorgeschichten?"

„Na ja, das war ja auch kein Grizzly", entgegne ich. „Aber daß er gar nicht abhaut, hätte ich mir nicht träumen lassen."

Erst am Abend erreichen wir den aus der Luft ausgespähten Lagerplatz. Er hatte schon von oben verlockend ausgesehen, aber aus der Nähe ist er noch viel schöner: eine Wiese, umrahmt von Kiefern, die sich bis zum Flußufer erstreckt. Das trübe Wasser rast an uns vorbei. Auf der anderen Seite des Flusses ragen hohe Felsen auf, die sich in der untergehenden Sonne rot färben. Der Frühling hat seinen Höhepunkt erreicht, alles blüht und duftet.

„Leosch, ist das nicht wundervoll hier!" Lenka ist begeistert: „Auch keine Moskitos! So einen Platz lasse ich mir aber gefallen."

„In ein oder zwei Wochen werden die Plagegeister da sein", dämpfe ich die Euphorie meiner Frau ein wenig. Aber um sie nicht zu sehr zu enttäuschen, füge ich hinzu: „Dafür sind dann die Heidelbeeren und die Salmon Berries reif. Auf die Marmelade freue ich mich schon."

„Du wolltest doch den Bus hierlassen, nicht wahr?" Georg treiben ganz andere

Seite 21:
Im Frühjahr ist im Grand Canyon des Stikine River die Hölle los. Das Schmelzwasser wälzt sich durch die Schluchten und reißt Bäume und Gestein mit. Milchkaffee-Inferno nannte Lenka die tosende braune Brühe, als sie zum erstenmal in den Canyon hinunterblickte. Aber auch bei Niedrigwasser im Hochsommer ist dieser Abschnitt des Stikine nicht mit Booten befahrbar. Dann kommen die Felsen im Flußbett zum Vorschein, die unpassierbare Stromschnellen entstehen lassen. Alle Versuche, den Grand Canyon mit dem Boot zu bewältigen, sind bisher gescheitert.

Seiten 22/23:
Unterhalb von Telegraph Creek, auf einer Blumenwiese direkt am Fluß, richteten wir das erste Zeltlager ein, um dort die Schlauchboote für die Fahrt vorzubereiten.

Der große Kochtopf diente manchmal auch als Badewanne für den sechsjährigen Jakob, unser jüngstes Expeditionsmitglied. Das zweitjüngste, unser Hund Nanook, ist immerhin doppelt so alt wie Jakob.

MERCURY
MERCURY
METZELER

Gedanken um. Er fühlt sich fürs Organisatorische zuständig.
„Entweder hier oder im Dorf“, antworte ich ihm. „Es ist nicht weit dorthin, wir können den Wagen neben der Kneipe abstellen. Im Herbst kommt dann einer von uns von Skagway per Anhalter hierher und bringt den Wagen zu uns nach Alaska.“
„Wäre es nicht bequemer, sofort nach unserer Ankunft in Skagway ins Auto sitzen und nach Watson zurückfahren zu können? Ich kann doch jetzt gleich den Bus hinbringen, und ihr könnt inzwischen die Boote aufpumpen und alles andere vorbereiten. In vier Tagen müßte ich eigentlich wieder zurück sein.“
Ein einleuchtender Vorschlag von Georg. Betlas will ihn nicht allein fahren lassen. Zu zweit sei es sicherer. Schnell ist das Camp aufgebaut, alles aus dem Auto ausgeladen, und schon verabschieden sich die beiden von uns.
Die Tage verstreichen. Längst hätten wir schon zur Flußfahrt aufbrechen können, doch unsere Freunde sind immer noch nicht zurück. Wir haben uns während der Wartezeit aber keinen Augenblick gelangweilt. Noch nie in ihrem Leben hat Lenka so viel Fleisch gekocht wie hier. Alles, was wir von Said und Debra erhielten, ist aufgetaut und muß verarbeitet werden. Aus dem Laden in Telegraph Creek hole ich einen Rucksack voll Einmachgläser, und gemeinsam bereiten wir alle möglichen Fleischgerichte zu, die sich in Gläser füllen und sterilisieren lassen. Bald besitzen wir eine ganze Kiste mit leckeren Konserven. Georg und Betlas werden mit uns zufrieden sein. Sie sind nun schon eine Woche fort, und ich mache mir allmählich Gedanken, ob mein geliebter alter Bus unterwegs seinen Geist aufgegeben haben könnte.
„Jungs, ich kann euch beide nicht mehr riechen“, eröffnet uns Lenka eines Morgens. Sie sagt es so energisch, daß Jakob und ich Angst bekommen, was wir nun schon wieder angestellt haben könnten.
„Heute ist Badetag“, bestimmt Lenka, „der eine stinkt ja noch ärger als der andere.“
„Jakob, da müssen wir wohl oder übel in den Fluß springen“, stelle ich nicht gerade begeistert fest. Das Wasser muß schrecklich kalt sein jetzt während der Schneeschmelze in den Bergen.
„Kommt nicht in Frage, daß ihr da reingeht. Da kommt ihr ja noch dreckiger raus. Schaut euch doch die braune Brühe an. Leosch, nimm den Topf und laufe zum Bach. Das Feuer brennt noch, da könnt ihr das Wasser warm machen.“
Gehorsam greife ich nach dem großen Kochtopf, in dem Lenka in den vergangenen Tagen pausenlos Gulasch gekocht hat, und trotte zum Dodjatin Creek. Das Wasser ist kristallklar. Ich versuche, den Topf auszuwaschen. Aber die Gulaschreste sind auf dem Boden so fest eingebrannt, daß ich meine Bemühungen aufgebe.
Schnell ist das Badewasser aufgewärmt. Jakob paßt gerade in den Topf hinein. Im Nu sind beide sauber, der Junge und der Topf. Die Wärme und die Seife lösen auch den Bodenbelag auf.
Am Abend kommt ein Pickup, ein kleiner Lastwagen, angefahren. Auf der Ladefläche hockt eine Horde betrunkener Männer, leere Schnapsflaschen in den Händen. Unter ihnen erkenne ich unsere beiden lang vermißten Freunde. Der Fahrer steigt aus und hagelt fast auf den Boden. Wie hat er es nur geschafft, seinen Wagen samt der lebenden Ladung heil hierherzubringen?
„Das war ein Horrortrip“, fängt Georg zu erzählen an. „In zwei Tagen waren wir in Skagway, und fast eine Woche haben wir gebraucht, um wieder zurückzukommen. Wenn uns Helmut aus Dease Lake nicht extra hergefahren hätte, dann hätten wir dort an der gottverdammten Kreuzung Wurzeln geschlagen. Zum Glück wollten er und seine Freunde unsere Boote sehen, mit denen wir aufs Meer hinausfahren wollen. Sie behaupten, daß wir damit niemals in Skagway ankommen würden und wollen mit uns Wetten darauf abschließen. So sicher sind sie, daß wir es nicht schaffen. Kommen wir aber durch, dann können wir viel Geld gewinnen.“
Mit Helmut kann ich deutsch reden. Er stammt aus Bayern, lebt aber schon lange hier oben im Norden Kanadas.
„Weißt du“, sage ich zögernd, „ich wette eigentlich nur dann, wenn ich davon überzeugt bin, daß ich gewinne. Was wir vorhaben, ist ein Wagnis, das gut-, aber auch schiefgehen kann. Da wette ich lieber nicht. Doch im Herbst kommen wir bei dir vorbei und berichten, wie's war. Einverstanden?“

Geduldig wartet Nanook, bis sein Futter gekocht ist. Fischreste waren sein Lieblingsfressen.

Durch Canyons und Stromschnellen

„Auf zu neuen Heldentaten!" ruft Jakob einen alten Spruch von mir, und wir stoßen die Boote in die Frühlingsfluten des Stikine River.

Lenka, Georg, Jakob und Nanook befinden sich im „Mammut", dem größeren Boot, Betlas und ich sind im „Quicksilver", das wir nur mit den Stechpaddeln steuern können. An diesem Boot konnten wir keine großen Ruder anbringen wie am „Mammut".

Lenka hält das vordere Ruder, Georg steht am Heck. Mit wenigen Ruderschlägen erreichen sie die Mitte des Flusses. Der orangefarbene Bootskörper hebt und senkt sich in den langgezogenen Wellen. Betlas und ich müssen paddeln wie die Wilden, um auch dorthin zu gelangen.

Unheimlich schnell jagt der Strom dahin, gerade so, wie es Said beschrieben hatte. Im Nu verschwindet die Wiese, auf der wir so lange gezeltet hatten, ebenso die Felswand auf der gegenüberliegenden Seite. Uns erwartet das Unbekannte. Keiner von uns weiß, wie diese Fahrt enden wird. Wir sind entsprechend erregt. Die auf der Generalkarte eingezeichneten Sandbänke sind allesamt überflutet. Der Wasserstand ist gut fünf Meter höher als im Sommer.

Wie im Flug bleiben die ersten Kilometer der Flußfahrt hinter uns.

„Da vorne sehe ich schon die Three Sister Islands!" schreit Lenka durch das Tosen des Wassers. Vom Bug des vorderen Bootes aus hat sie den besten Ausblick.

Wie wilde Hengste springen die Boote über die Wellen, und wir rauschen an den mächtigen Felsbrocken nur so vorbei. Entwurzelte Bäume treiben manchmal in bedrohlicher Nähe, riesige Fichtenstämme, die einen geknickt und zerbrochen, andere mit sperrigen Wurzeln und dem ganzen Astwerk.

Der Fluß biegt nach links. Hinter der Biegung spritzt und tobt das Wasser noch stärker. Das sind die Bad Rapids, die schlimmen Stromschnellen, die an der linken Flußseite am gefährlichsten wirken. Lenka und Georg schaffen es, das Boot mit den Rudern rechts zu halten, doch uns zieht es unaufhaltsam direkt in die größten Wellen.

„Los, Betlas, mehr Power! Wir müssen nach rechts!" Auf keinen Fall dürfen wir in die bedrohlichen Wellen geraten.

„Ich tu, was ich kann", entgegnet Betlas, der meine Aufforderung offenbar als Vorwurf verstanden hat.

Die Paddelschläge werden immer hektischer, trotzdem kommen die Schnellen immer näher. Schon erfaßt die erste große Welle das Boot und überflutet es. Zum Glück haben wir die wasserdichten Fässer festgebunden, so daß wir nichts verlieren können.

Die „Quicksilver" wird zum U-Boot, das immer wieder auftaucht. Sinken kann es nicht, aber umschlagen darf es auch nicht, wenn unser Abenteuer nicht katastrophal enden soll. Wir tragen Schwimmwesten, die sich mit Preßluftpatronen aufblasen lassen, außerdem sind wir mit einer Leine gesichert. Falls einer über Bord geht, bleibt er mit dem Boot verbunden und kommt rasch wieder hinein.

Sekunden werden zu Ewigkeiten. Die Wellen sind jetzt kurz und hoch, das Boot tanzt wie ein Spielball. Mit einer Hand halte ich mich an der Randleine fest, die andere umklammert das Paddel, das keinesfalls verlorengehen darf. Die Wassermassen schlagen über unseren Köpfen zusammen und drohen uns von Bord zu reißen.

Endlich liegt das Schlimmste hinter uns. Das Boot ist voll Wasser und kaum noch steuerbar. Krampfhaft versuchen wir weiterhin, auf die rechte Flußseite zu gelangen. Betlas schöpft Wasser, und ich paddle mit letzter Kraft. Vor uns taucht das nächste Hindernis auf, ein Fels mitten im Fluß, an dem sich entwurzelte Bäume stauen. Und ebenso wie schwimmende Bäume werden auch wir unwiderstehlich im Eiltempo auf den Felsen zugetrieben. Gespickt mit den Stämmen, sieht er wie ein gigantisches Nadelkissen aus – zum Fürchten.

Wir kamen heil durch die Stromschnellen des Stikine-Flusses. Einen Heidenrespekt hatten wir vor den Logjams, aufgestauten Baumstämmen mitten in der Strömung. Sie können für jedes Boot zur tödlichen Falle werden. Unsere „Quicksilver" wurde einmal unaufhaltsam auf so eine Barriere aus entwurzelten und abgeknickten Bäumen getrieben. Das Boot kenterte und wurde samt Betlas unter die Stämme gezerrt. Mit viel Glück entkam der Freund dem Chaos. In der Bootshaut gab's lange Risse zu flicken.

Saids Warnung geht mir durch den Kopf. Hier, ganz am Anfang, kann unsere Reise auch schon zu Ende sein.
„Betlas, Achtung!" schreie ich voller Angst.
Er blickt nach vorn: „Oh, Gott!" Schnell wirft er die Schöpfkelle weg und packt das Paddel. Wie Wahnsinnige peitschen wir das Wasser.
„Verdammt!" Mehr bringe ich nicht heraus. Mit voller Wucht wird das Schlauchboot auf die abgebrochenen, scharfkantigen Baumstämme geworfen. Ein Knall. Wie ein riesiger Speer bohrt sich eine Stammspitze in die linke Seitenkammer des Bootes. Beide werden wir über Bord geschleudert. Mit ungeheurer Kraft zieht die Strömung das Boot unter die aufgestauten Stämme. Ich kann gerade noch den Karabiner der Sicherungsleine an der Schwimmweste ausklinken, so daß ich nicht wie das Boot unter die Stämme gepreßt werde. Es gelingt mir, mich an einem Ast festzuhalten. Von Betlas und dem Boot ist nichts mehr zu sehen.
Schreckliche Gedanken schießen mir durch den Kopf, am schlimmsten die Vorstellung, mein Freund könnte tot sein. Was sollte ich nur Betlas' Eltern sagen. Ich hatte ihn zu dieser Fahrt überredet und trug die Verantwortung für alles, was geschah.
Das Wasser ist entsetzlich kalt und ich friere erbärmlich, obwohl ich nur Wollenes trage, das gut isoliert. Langsam arbeite ich mich aus dem Strom heraus und klettere über die aufgestauten Stämme bis hin zu dem Felsen. Ich erreiche seinen Gipfel, und da fällt mir ein ebenso großer Felsbrocken vom Herzen: Georg hat den Motor des „Mammut" gestartet und ist dabei, die demolierte „Quicksilver" zum Ufer zu schleppen. Und Betlas ist an Bord der „Mammut"!
„Hier bin ich!" schreie ich aus Leibeskräften.

*

Das Feuer knistert, und die nassen Kleidungsstücke hängen zum Trocknen an Stangen. Das Teewasser brodelt. Lenka öffnet unsere einzige Flasche Rum.
„Ich habe schon die Engel im Himmel singen hören", sagt Betlas. „Es war grauenhaft. Ich hatte keine Luft mehr und konnte nicht auftauchen. Plötzlich hat sich das Boot selbst befreit. Es ist mit mir hochgeschossen und erreichte die Wasseroberfläche hinter der Holzbarriere. Eines steht für mich fest: Mit den Stechpaddeln allein ist man hier verloren. Wir müssen jederzeit den Motor starten können."
„Das ist absolut richtig", stimme ich ihm zu. „Mit dem Benzin werden wir schon irgendwie auskommen. Es waren bestimmt nicht die letzten Logjams, denen wir hier begegnet sind."

*

Zwei Tage verstreichen. „Quicksilver" ist geflickt, der Motor montiert und gesichert. Jakob scheint das alles Spaß gemacht zu haben. Er liebt „action" über alles und hatte den Ernst der Lage gar nicht begriffen.
Und Jakob gefällt es weiterhin. Ab und zu darf er das Boot steuern, wenn wir mit dem Motor fahren und der Flußverlauf es zuläßt. Sonst sitzt er in der Mitte des Bootes auf einem Faß und hat von da den besten Überblick. Jetzt fahren wir mit „Quicksilver" voraus und können Georg und Lenka warnen, wenn schwierige Stellen auftauchen.
„Schau, da sind Kinder am Ufer!" ruft Jakob und streckt den Arm aus.
Bald erreichen wir die drei blonden Mädchen, die Lachse aus einem am Ufer festgebundenen Boot ausladen. Sie sagen, daß sie hier wohnen.
Aber wie kommen sie hierher, so weit vom nächsten Dorf entfernt? Es sind noch keine Schulferien. Ehe ich die Kinder ausfragen kann, kommt eine Frau mittleren Alters die Böschung herunter. Ihre Kleidung scheint aus dem vorigen Jahrhundert zu stammen. Ich begrüße sie auf englisch und frage,

Seite 29:
Wo in der Goldgräberzeit im vorigen Jahrhundert eine Handelsstation war, haben sich hundertzwanzig Jahre danach Michael, Uschi und ihre sechs Töchter samt Hund und Ziege angesiedelt. Sie waren dabei, das alte Blockhaus neu aufzubauen und in der Wildnis am Stikine-Fluß ein einfaches Leben zu leben. Der Fischfang, die Jagd und der selbst angelegte Garten bilden ihre Ernährungsbasis. Die ehemalige Lehrerin aus Deutschland hatte den Frankokanadier Michael geheiratet und war mit ihm nach Westen gezogen. Ihre Kinder unterrichtet Uschi selbst, Michael brachte ihnen die Kunst des Überlebens in der Wildnis bei, zu der auch der Umgang mit der Waffe gehört.

Seiten 30/31:
Bis zu dreißig Kilometer in der Stunde stürzt das Frühlingshochwasser dem Pazifik entgegen. Mit den großen Rudern der „Mammut" konnten Georg und Lenka die Hindernisse im Strom leicht umfahren.

was sie hier treiben. Sie antwortet ebenfalls auf englisch, aber mit unverkennbar schwäbischem Akzent, so daß ich ihre Herkunft nicht erraten muß. Auf deutsch unterhalten wir uns weiter, und sie lädt uns zu sich nach Hause ein.

Wir machen unsere Boote am Ufer fest und steigen auf einem Trampelpfad hoch zu einer großen Wiese. Dort stehen zwei Wohnzelte samt improvisierter Küche mit selbstgebautem Herd. Die Mitte der Wiese wird von einer Baustelle beherrscht. Da wird ein altes Blockhaus vom Ende des 19. Jahrhunderts wieder aufgebaut. Als in Alaska das Goldfieber grassierte, waren Tausende von Goldsuchern auf dem Stikine nach Cassiar gefahren. Hier hatten sie einen Trading Post errichtet, ein Ladengeschäft, der aber seit gut fünfzig Jahren nicht mehr bewohnt war.

„Das ist Michael, mein Mann." Uschi, so heißt die Frau, stellt uns auch ihre Kinder vor, die am Herd stehen. „Das sind unsere beiden ältesten, Karine und Arline. Ester, Samuelle und Michaela habt ihr ja bereits kennengelernt. Die Mädchen werden bald ein Brüderchen bekommen, es soll Urs heißen. Doch wenn es wieder ein Mädchen sein sollte, wird es Ursula heißen wie ich, und wir werden uns weiter um einen Buben bemühen."

Ich wünsche den beiden viel Glück bei ihren Bemühungen und kann ein Lächeln kaum unterdrücken. Uschi meint es nämlich ernst. An ihrer Stelle hätte ich mich längst und leicht mit einem Haus voll Mädchen abgefunden, aber Michael will eben seinen Stammhalter.

„Das Haus soll im Herbst fertig sein", sagt das Familienoberhaupt.

Wieder kann ich nur viel Glück wünschen, denn von dem alten Blockhaus stehen nur noch die Wände, und die reichen mir kaum bis zur Brust.

„Wir haben im Osten, in Quebec, gelebt", berichtet Michael weiter. „Mit Uschi bin ich seit zehn Jahren verheiratet. Die beiden ältesten Töchter stammen aus meiner ersten Ehe. Von einem Freund habe ich erfahren, daß hier dieses alte Blockhaus stehe. Im Herbst sind wir dann nach Britisch-Kolumbien umgezogen, haben den Winter in Telegraph Creek verbracht und sind gleich nach der Schneeschmelze hierher aufgebrochen."

„Wie macht ihr das mit der Schule?" wendet sich Lenka an Uschi, weil sie nur mit ihr deutsch sprechen kann.

„Ich habe früher in Deutschland als Lehrerin gearbeitet und unterrichte meine Töchter selbst – auf englisch natürlich, deutsch nur so nebenbei. Setzt euch doch! Wollt ihr nicht ein Marmeladebrot? Alles selbst gemacht, auch das Mehl."

Wir sitzen um den rohgezimmerten Tisch und loben das frische Roggenbrot, das wie aus einer deutschen Bäckerei schmeckt. Karine bäckt noch schnell Plätzchen aus Haferflocken. In den Teig mischt sie ein paar Rosinen. Die Familie lebt sehr bescheiden. Kein Wunder, der Vater verdient nichts. Er muß erst das Haus bauen. Den Garten haben sie schon angelegt, Fische gibt es im Fluß in Hülle und Fülle, im Wald wimmelt es von Kaninchen. Die Mädchen sind wie Jungen erzogen und gehen mit dem Gewehr ganz selbstverständlich um. Die Milch für die Jüngste stammt von einer Ziege, die an einem Pflock angebunden ist. Ein Hund hält die Raubtiere von der Arme-Leute-Kuh fern, mit dem unser Nanook nun herumtollt.

Der Abend naht, und wir beschließen, hier auf der Wiese auch unsere Zelte aufzuschlagen. Zum Abendessen geben wir Uschi ein paar von unseren Elchgulaschkonserven, eine willkommene Abwechslung für die ganze Familie.

Vor der Weiterfahrt am andern Morgen gibt uns Michael noch einen Tip: „Einen schönen Platz zum Campen findet ihr am Yehiniko Creek, und von dort müßt ihr unbedingt in den Canyon gehen. Das lohnt sich auf alle Fälle."

Jakob bekommt die Hülle mit der Landkarte und fühlt sich wie der Chefnavigator. Ob er aber auch den richtigen Bach findet, bezweifle ich doch. Die Flußfahrt ist so schnell, daß ich selbst Probleme habe,

Seite 33:
Die ersten Arbeiten auf einem neuen Zeltplatz sind immer die gleichen: Feuerstelle bauen, eine dürre Fichte fällen, Holz hacken, die Campküche einrichten, damit Lenka für die hungrige Gesellschaft kochen kann. Erst danach werden die Zelte aufgeschlagen. Die besten Zeltplätze lagen an den Mündungen von Gebirgsbächen, in denen es von Fischen wimmelt, so wie am Yehiniko Creek.

Seiten 34/35:
Der Canyon des Yehiniko Creek ist tief in die Berge eingeschnitten. Manchmal erheben sich die Felsen senkrecht aus dem Wildwasser. Gegen die Strömung kämpfen sich die Lachse den Bach hinauf, um zu ihren landeinwärts liegenden Laichplätzen zu gelangen.

alle Bäche, die auf der linken Seite in den Stikine münden, richtig zu identifizieren. Zum Glück sind auf diesem Streckenabschnitt keine Stromschnellen in der Karte eingezeichnet, also dürfen wir auf einen undramatischen Tag hoffen.

Wieder jagen wir durch einige Engstellen hindurch, aber die Wellen sind hier schön lang, und die rauschende Fahrt macht viel Spaß. Nur Nanook gefällt es nicht mehr. Er hat inzwischen Angst vor dem Bootfahren und will ständig „aussteigen“. Ich muß ihn kurz anbinden, damit er nicht abhaut.

Voraus kommen schon die ersten Gletscherberge der Sawback Range in Sicht. Die Sonne leuchtet auf die weißen Eisfelder, die zum satten Grün des Waldes um uns herum kontrastieren und noch gewaltiger wirken, als sie es ohnehin sind. Felswände, in die sich Kiefern krallen, säumen die Ufer des Flusses.

„Leosch, ist hier nicht der Platz, den wir suchen?“ Jakob deutet auf einen ziemlich großen Bach, den wir zunächst nicht sehen konnten, weil er hinter einer dicht bewaldeten Flußbiegung in den Stikine mündet.

Ich blicke auf die Karte und staune: „Tatsächlich, wir sind schon da. Schnell ans Ufer!“

Betlas startet den Motor, und wir landen auf einer Sandbank. Georg und Lenka erkennen das rechtzeitig. Als sie auch mit dem „Mammut“ ins seichte Wasser gelangen, steigt Georg mit einer Festmacherleine aus und bindet sie am nächsten Baum fest.

„Wo ist denn nun der schöne Zeltplatz?“ fragt Lenka enttäuscht. Auch ich kann mir nicht vorstellen, hier unsere Zelte aufzuschlagen, wo wir jetzt gerade stehen.

„Der Platz ist sicher dort im Wald“, erwidere ich und zeige zu dem flachen, mit Kiefern bewachsenem Gelände direkt am Yehiniko Creek. „Ganz schön weit weg, nicht wahr? Am besten starten wir nochmals die Motoren und fahren auf dem Yehiniko direkt zu der Stelle.“

Schon kämpft die kleine „Quicksilver“ gegen die kräftige Strömung des Baches an. Georg folgt uns mit dem größeren Boot.

„Verdammter Mist!“ brüllt er plötzlich. „Die Schraube ist ab!“

Die „Mammut“ hat mit ihrem 35-PS-Motor mehr Tiefgang als unser Boot, und ihr Propeller hat von einem Felsen unter der Wasseroberfläche einen Schlag abbekommen. Das Boot treibt rückwärts, und ehe Georg und Lenka die Ruder losgebunden haben, sind sie bereits wieder in die Strömung des Stikine geraten und rasen auf die Sandbank zu, wo wir zunächst festgemacht hatten.

„Auch das noch“, stöhne ich, wende die „Quicksilver“ und fahre mit Volldampf hinter ihnen her.

„Sofort zum Ufer!“ rufe ich. „Bald kommen die Dutch Charlie Rifles, ganz brutale Stromschnellen.“

Endlich hat auch Lenka das Ruder in der Hand, und beide schlagen so wild ins Wasser, daß es nur so spritzt. Doch sie gelangen nicht schnell genug ans Ufer. Fast sind sie schon an der langgezogenen Sandbank vorbeigerauscht.

„Betlas, ich fahre dichter ran, wir müssen sie in Schlepp nehmen. Du wirfst Lenka die Leine zu!“

Das andere Ende der Leine haben wir an unserem Heck festgebunden. Lenka faßt die Leine und belegt sie am Bug. Gleich strafft sie sich wie eine Geigensaite, und wir stoppen die Fahrt der „Mammut“.

Ich kann aufatmen. Die Stromschnellen, die knapp zwei Kilometer unterhalb liegen, gelten als sehr tückisch. Michael hat mir erklärt, wie man sie durchfahren muß, nämlich ganz rechts direkt an der Felswand entlang. Georg und Lenka waren nicht dabei, als mir Michael das sagte, und ich hatte die beiden noch nicht darüber informiert. Bald landen wir wieder an der Sandbank, leider weiter flußabwärts als beim ersten Mal.

Die Schraube wird ausgetauscht, und der zweite Versuch, unseren Lagerplatz zu erreichen, kann beginnen. Die „Mammut“ ziehen wir dann vom Land aus an einer Trosse den Yehiniko Creek hinauf, damit sich das Malheur mit dem Propeller nicht wiederholen kann. Es ist ein hartes Stück Arbeit, bis die Boote endlich nebeneinander liegen. Wir sind völlig ausgepumpt, lassen uns auf den Boden fallen und schauen uns den schwer erkämpften Lagerplatz nicht einmal genauer an.

Obwohl auch Jakob beim Ziehen mitgeholfen hat, ist er als erster wieder auf den Beinen. Er rennt weg und kommt bald wieder.

„Hui, ist das wieder schön hier!“ ruft er begeistert. „Der beste Platz, den man sich nur vorstellen kann!“

Zahlreiche Elche bevölkern das nördliche Britisch-Kolumbien. Meist bekamen wir Kühe und Kälber zu Gesicht, die gar nicht scheu waren.

Der Weg zum Great Glacier

„Dort auf der Landzunge muß die Hütte sein!" meint Betlas, der auf dem Bug des Bootes sitzt.

Wir kreisen im milchigen Gletscherwasser in einem gewaltigen Rückstrom. Es sind die Strudel eines Flusses, der aus dem See unterhalb des Great Glacier herausfließt und hier in den Stikine River mündet.

Keine fünfzehn Kilometer entfernt ist die Grenze zu Alaska. Unsere Fahrt auf dem Stikine nähert sich langsam dem Ende.

Heute mittag haben wir die Sampsons getroffen, eine Familie, die seit mehr als zehn Jahren hier zu Hause ist. Ihre beiden Söhne sind in dieser Wildnis geboren. Bill, der Vater, ist im Sommer Fischer und im Winter Trapper. Die Familie lebt aber mehr vom Lachsfang als von den Tierfellen. Sie lieben diese Einsamkeit, besonders die beiden Jungen. Die sagen: „Wir haben die beste Schule, die man sich denken kann. Unser Lehrer kommt nur einmal im Monat, im Sommer mit Schwimmern am Flugzeug, im Winter mit Kufen. Er übernachtet bei uns und prüft uns am anderen Morgen. Dann haben wir wieder einen Monat Ruhe vor ihm. Jetzt sind bald Ferien, und die dauern so lange, wie die Lachse im Fluß hochziehen."

Einige Lachse hat uns Bill mitgegeben und dazu noch die Erlaubnis, in seiner Blockhütte in der Nähe des Great Glacier wohnen und sein am Gletschersee liegendes Kanu benutzen zu dürfen.

Die Hütte ist inzwischen in greifbarer Nähe, doch wir erreichen sie trotzdem nicht. Der Benzintank ist leer, und nur mit den Paddeln kriegen wir das Boot nicht aus dem Strudel heraus. Zum Glück sind wir nicht auf uns allein angewiesen. Aber wo stecken denn Georg, Lenka und Jakob? Wir sind unter Motor vorausgefahren, sie ließen sich treiben, um Benzin zu sparen. Aber so viel schneller waren wir doch auch nicht?

Nanook jault jämmerlich. Er will an Land und begreift nicht, warum wir immer noch nicht anlegen. Plötzlich springt er über Bord und will zum Ufer schwimmen. Doch er kommt keinen Meter voran.

„Hast du so was schon erlebt?" Ich kann Betlas' Frage nur verneinen. Dann rufe ich den Hund zurück, aber der denkt nicht daran zu gehorchen und hat nur das nahe Land im Sinn. Tatsächlich schafft er sich allmählich aus dem Strudel heraus, wird von der Hauptströmung erfaßt und treibt nun direkt auf die Landspitze zu. Er rennt die Uferböschung hinauf, schüttelt sich kurz und galoppiert wie wahnsinnig durch das Gebüsch. So ausgelassen habe ich unseren Nanook selten erlebt.

„Der hat's gut, der hat's geschafft", kommentiere ich fast ein wenig neidvoll. „Komm, Betlas, wir versuchen's nochmals. Das packen wir auch!" Wir paddeln beide wie irre – ohne Erfolg.

„Was ist denn mit euch los?" hören wir Georg schon von weitem rufen.

„Na endlich! Wo seid ihr überhaupt so lange gewesen? Wir hängen hier schon weiß Gott wie lange fest und warten auf euch", macht Betlas seinem Ärger Luft.

„Wir haben eine Elchkuh mit ihrem Kalb beobachtet", meldet sich Jakob, „aber warum seid ihr nicht längst in der Hütte? Da vorn ist sie doch! Und wo habt ihr Nanook gelassen?"

Bald kennen sie die Antwort. Jetzt kreisen nämlich beide Boote im Strudel, und Nanook jault herzzerreißend vom Land herüber wie ein Ausgesetzter.

Wir lassen uns vom „Mammut" einen Reservetank reichen, die Motoren heulen auf, und in kürzester Zeit hat unser Hund uns wieder.

Bills Blockhütte ist neu, Moskitonetze an den Fenstern und in der Türöffnung. Wir brauchen die Zelte nicht aufzubauen. Schon knistert das Lagerfeuer vor der Hütte, und ich mache mich ans Filetieren der Fische. Das Fleisch der Sockeye-Lachse ist kräftig rot. Die seien von der besten Sorte, hatte Bill gesagt.

Noch nie haben wir Sockeyes gegessen. Erwartungsvoll hocken wir alle um die Pfanne herum. Und in der Tat: Das rote Fleisch schmeckt noch köstlicher, als es aussieht.

Einige der Fische waren weiblich. Sie

Ein Kanu auf dem Great Glacier Lake und eine Blockhütte an der Mündung des Flusses, der aus diesem Gletschersee fließt, durften wir benutzen. Sie gehören einer Fischerfamilie, die als einzige ganzjährig am Unterlauf des Stikine River lebt. Mit dem geliehenen Kanu kreuzten wir durch das Labyrinth der Eisberge bis zum Gletscherbruch des Great Glacier. Dort konnten wir das sogenannte Kalben des Eisgiganten aus der Nähe beobachten.

spendierten uns einen ganzen Topf voll Kaviar, doch keiner von uns weiß, wie man den zubereitet. Schließlich brate ich ihn, und es entsteht eine Art rosaroter Brei, der nicht gerade appetitanregend aussieht.

Jakob schaufelt sich einen ganzen Teller voll aus dem Topf. Aber schon den ersten Löffel spuckt er wieder aus und entrüstet sich: „Pfui Teufel, das schmeckt ja abscheulich!" Er wirft die ganze Ladung in den Hundenapf. Nanook kommt herbei, schnuppert daran herum und verzieht sich wieder.

„Was hast du da denn gekocht, wenn es nicht einmal der Hund frißt?" will Lenka wissen, als sie aus der Hütte zu uns kommt.

„Kaviar!"

*

Am Abend studieren wir die Generalkarte. Bis zu der Stelle, wo Bill das Kanu liegen hat, sind es etwa sechs Kilometer. Es befindet sich ganz in der Nähe des zweiten Ausflusses aus dem Gletschersee. Bill meinte, wir würden fast einen ganzen Tag brauchen, um dorthin zu gelangen. Einen Tag für sechs Kilometer? Das kann doch nicht wahr sein.

Wie recht er hatte, wurde mir bald nach dem Aufbruch am anderen Morgen klar. Der Regenwald, den wir passieren, ist ein einziges Hindernis. Von den Bäumen hängt überall Moos herunter. Die riesigen Sitka-Fichten ragen aus einem undurchdringlichen Gestrüpp, voll von sogenannten Teufelspflanzen. Diese Büsche mit ihren großen Blättern haben nadelspitze Dorne, deren Stiche erbärmlich juckende Wunden verursachen. Manchmal können wir dem Teufelszeug nicht ausweichen, die Dorne dringen auch durch dicke Hosen. Wenn wir in diesem Wald in einer Stunde auch nur einen Kilometer vorankommen, sind wir schon hochzufrieden.

Endlich erreichen wir den See. Vom Gletscher erblicken wir nur den unteren Teil und den Abbruch. Den großen Rest verdeckt ein Ausläufer des Icecap Mountain. Der Anblick ist trotzdem faszinierend. Im Gletschersee schwimmen Eisberge in allen Größen und Formen, manche leuchten blau im Sonnenlicht. Vom Gletscherbruch stürzen ständig neue, gigantische Eistürme herab, begleitet von ohrenbetäubendem Donnern.

Ein Geysir steigt aus dem Wasser hoch, und die Wellen, die er aufwirft, erzeugen eine Brandung fast wie am Meer. Wer dieses Naturschauspiel am Great Glacier erlebt, versteht plötzlich, was die Amerikaner meinen, wenn sie so etwas einfach „great" – großartig – nennen. Es gibt keinen treffenderen Ausdruck dafür: great!

„Los, wir müssen weiter!" treibe ich die Freunde an. „Das Kanu liegt irgendwo dort drüben." Ich strecke den Arm nach Süden aus, wo jetzt die Sonne steht.

„Schaffen wir das überhaupt bis zum Abend?" fragt mich Lenka voller Zweifel. „Wir sollten auch mal eine Pause machen und etwas zum Essen kochen."

„Das Essen soll warten, bis wir da sind. Wir können uns unterwegs ein Müsli anrühren. Das Ufer da vorne sieht schon besser begehbar aus. Jetzt kommen wir bestimmt schneller voran. Bis es dunkel wird, sind wir am Ziel."

Wir gehen direkt am Wasser und brauchen uns nicht mehr so mühsam durchs Gebüsch zu kämpfen. Den Gletscherbruch verdecken jetzt im See treibende Eisberge, dafür eröffnet sich nun der überwältigende Blick auf den gesamten Eisstrom. Der Gletscher wirkt wie ein erstarrter Fluß. Unendlich weit zieht sich das weiße Band und steigt zu dem fast 3000 Meter hohen Mount Gibbons hinauf, der bereits in Alaska liegt.

Bei Sonnenuntergang erreichen wir den zweiten Ausfluß des Gletschersees samt der kleinen Insel, wie Bill es beschrieb.

Seite 41:
Als wir Bills Kanu am Great-Glacier-See endlich fanden, schien der anstrengende Weg dorthin umsonst gewesen zu sein. Die Bootswände waren unter der Schneelast geborsten. Doch ausgerechnet Jakob, unser Jüngster, hatte die Idee, die Risse mit Zeltschnüren zuzunähen und mit Stoffklebeband abzudichten. Die Arbeit lohnte sich, das Kanu war wieder brauchbar.

Seiten 42/43:
Der Great Glacier ist zweifellos der eindrucksvollste Gletscher am unteren Stikine River. Von den Dreitausendern an der alaskanischen Grenze zieht sich der Eisstrom hinunter bis zum jähen Abbruch am See. Eistürme vom Ausmaß eines Hochhauses brechen aus der gut siebzig Meter hohen Wand, donnern ins Wasser und werfen gewaltige Fontänen auf. Die Wellen, die sich kreisförmig ausbreiten, sind auch in beträchtlichem Abstand zur Einschlagstelle noch groß genug, um ein Kanu kentern zu lassen. Wir hatten selbst das zweifelhafte Vergnügen. Ein Glück, daß wir uns in Ufernähe befanden und nicht weit im eisigen Wasser schwimmen mußten.

Doch sein Kanu können wir nirgendwo entdecken.
Unsere Enttäuschung wächst, bis wir aus dem dichtesten Busch heraus Betlas' Stimme vernehmen: „Hierher, ich hab's gefunden!"
Im Gänsemarsch zwängen wir uns durch die grüne Barriere bis zu einer kleinen Lichtung, wo das Kanu liegt. Betlas beugt sich darüber und inspiziert das orangefarbene Boot aus der Nähe. Dann urteilt er betrübt: „Also, damit können wir nur absaufen. Das Boot ist total unbrauchbar."
„Tatsächlich, auf beiden Seiten ist der Rumpf gut zwei Meter lang aufgerissen."
„Haben hier Vandalen gehaust, oder ist es das Werk von Bären?" Georg kann seinen Ärger nicht unterdrücken.
„Bären waren das nicht. Man sieht keine Spuren von Krallen", stelle ich fest. „Aber wer sollte hierherkommen und mutwillig das Kanu zerstören? Bill hatte doch gesagt, es sei noch fast neu."
„Dann muß es von allein kaputtgegangen sein", sagt Lenka.
„Wie denn?" will Jakob sogleich wissen. Mysteriöse Dinge interessieren ihn besonders.
„Die Schneelast hat es zertrümmert. Hier sollen im Winter bis zu drei Meter Schnee liegen, und wenn er im Frühjahr naß wird, wiegt er ungeheuer viel. Das Mittelstück des Bootes ragt jetzt in die Höhe, doch als das Gewicht darauf lastete, muß es platt gelegen haben. Das Glasfiber hat diesem Druck nicht standgehalten." Eine einleuchtende Erklärung meiner Frau.
„Jetzt wissen wir zwar, wie es kaputtgegangen ist, aber fahren können wir mit dem Ding trotzdem nicht." Georg kann seine Enttäuschung nicht überwinden.
„Wir können doch die Risse zunähen. Wir nehmen Schnüre vom Zelt, und die Löcher bohren wir mit meinem Messer vor." Ausgerechnet Jakob, unser Jüngster, hatte den richtigen Einfall. Denn genau so wird es gemacht. Die Nähte dichten wir mit Klebeband, das wir reichlich zum Flicken der Zelte dabei haben.
Bis spät in die Nacht sind wir mit der Reparatur beschäftigt, aber die Arbeit lohnte sich. Das Kanu schwimmt wieder. Jakob muß zwar ständig Wasser schöpfen, aber das macht er gern. Ganz abdichten ließen sich die reparierten Stellen eben doch nicht.

*

Am nächsten Morgen binden wir Nanook im Camp an. Er soll es bewachen, nachdem wir Spuren von Grizzlybären entdeckt haben. Hohe Bäume, an denen wir unsere Rucksäcke mit dem Proviant aufhängen könnten, gibt es hier am Seeufer nicht, nur wildes Gestrüpp.
Das zweisitzige Kanu ist mit uns fünfen natürlich total überladen. Dennoch schwappt kein Wasser herein. Mit den Paddeln, die wir glücklicherweise mitgenommen haben, stochern wir durch die bizarren Eisformationen hindurch, geraten immer mal wieder in eine Sackgasse und finden doch stets einen Ausweg. Ein Labyrinth, wie es im Buche steht.
In einem mächtigen Eisberg entdecken wir eine Höhle. Hier wechseln die Farben vom hellsten bis zum dunkelsten Blau, je tiefer wir in die Höhle vordringen. Wieder draußen, sind wir alle klitschenaß, denn von der Decke der Höhle rauscht das Wasser herunter wie unter einer Dusche. Aber wir haben einen sonnigen Tag, und auch in Alaska ist es jetzt im Hochsommer angenehm warm.
Wir lassen die aufgestauten Eisberge hinter uns und gelangen ins offene Wasser. Vom Gletscherbruch herunter weht eine leichte Brise. Wir sind noch weit von ihm entfernt, doch schon von hier aus läßt sich deutlich erkennen, wenn einer der Eistürme abbricht. Die Wellen, die er beim Sturz in den See aufwirft, machen uns zunehmend zu schaffen. Das Wasser schwappt dann doch ins Boot, und Lenka hilft Jakob jetzt tüchtig beim Schöpfen.
Allmählich wird's ihr unheimlich, und als uns eine besonders große Welle schüttelt, reicht's ihr endgültig.
„Habt ihr euch eigentlich überlegt, was passiert, wenn uns so eine Welle umwirft? Weißt du denn, Leosch, wie lange man in dem eisigen Wasser schwimmen kann?"

Seite 45:
Fast undurchdringlich ist der Regenwald an der Pazifikküste. Moosfladen hängen von den mächtigen Sitka-Fichten herunter. Der Boden ist vom Unterholz überwuchert, in dem auch die sogenannte Teufelspflanze vorkommt. Ihre Stacheln verursachen besonders schmerzhafte Verletzungen. Für eine Strecke von sechs Kilometern durch diesen Dschungel brauchten wir einen ganzen Tag.

Seiten 46/47:
Zum Sommeranfang ziehen die Sockeye-Lachse den Stikine-Fluß hinauf. Diese Sorte Lachs ist an ihrem kräftig roten Fleisch erkennbar, das hervorragend schmeckt, ganz im Gegensatz zu dem nur lecker aussehenden Kaviar.

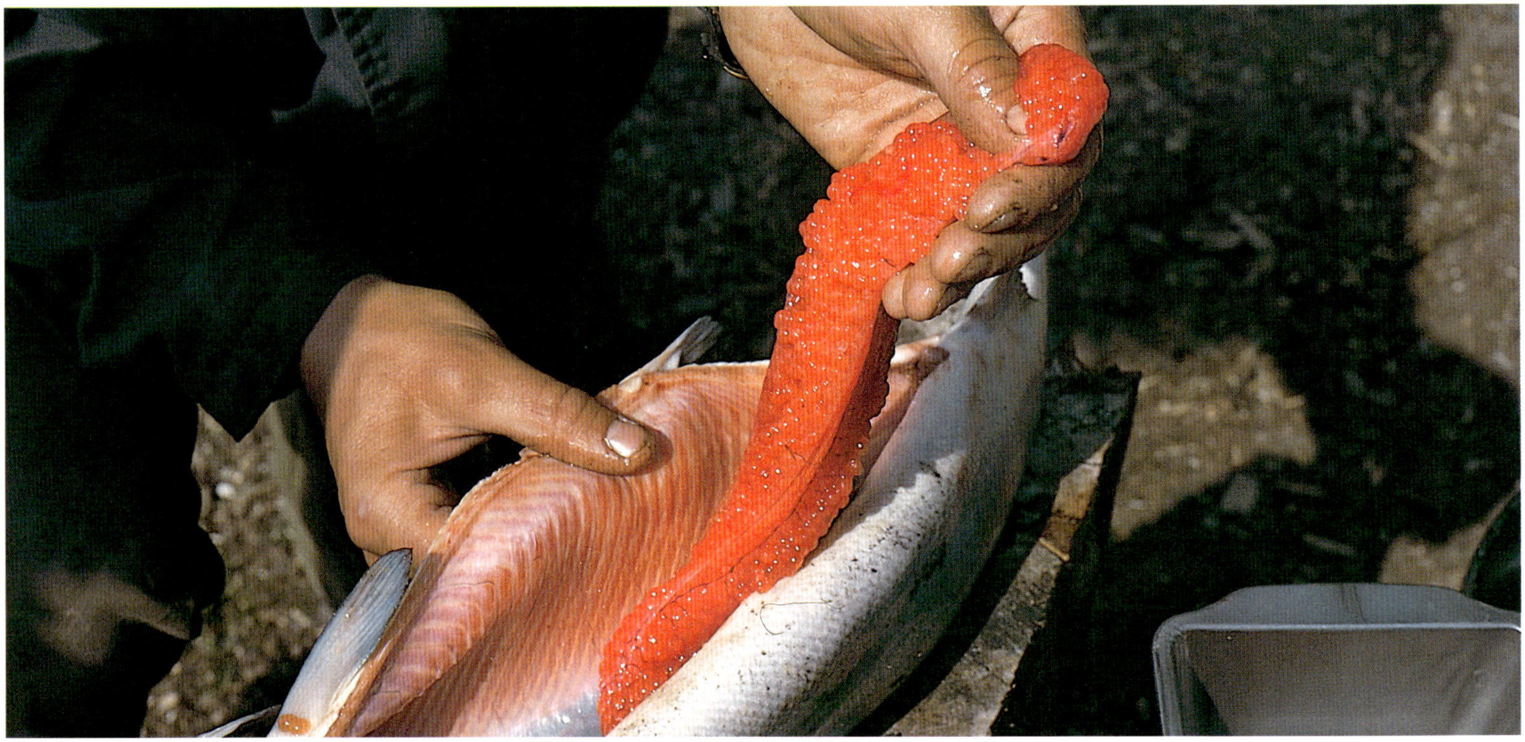

Anstatt zu antworten, steuere ich das Boot nach links zum gegenüberliegenden Ufer hin. Dann erst kriegt die besorgte Lenka ihre Antwort: „Wenn wir jetzt baden gehen, liegen wir nicht lange im Eiswasser. Wir alle wollten uns doch einmal aus nächster Nähe ansehen, wie die Türme abbrechen und die Eismassen in den See stürzen. So ein Schauspiel läßt man sich doch nicht entgehen."

Die Brise legt zu, und wir kriegen es nun mit zweierlei Wellen zu tun: mit denen, die der Wind aufwirft, und den anderen, die beim Eintauchen der Eisbrocken entstehen. Wir paddeln weiterhin nahe den Uferfelsen entlang. Auch sie waren gewiß vor wenigen Jahren noch mit Eis bedeckt.

Schließlich erreichen wir die Eiswand des Gletscherbruchs. Gut siebzig Meter hoch steigen die Eistürme über uns an.

„Da vorne kippt einer!" brüllt Jakob ganz begeistert.

Von dieser Stelle aus, direkt vor dem Gletscherbruch, sieht das aus, wie wenn ein Hochhaus zusammenbricht und in die Tiefe stürzt. Die Fontäne beim Aufklatschen steigt die halbe Eiswand hoch. Wirklich, ein unbeschreibliches Spektakel. Great!

Die höchsten Wellen treffen uns nicht, nur ihre seitlichen Ausläufer. Aber auch die sind noch so mächtig, daß viel Wasser ins Boot kommt und wir nun alle schöpfen, zwei mit den Eßgeschirren, die anderen mit ihren Hüten, die sich dafür bestens eignen.

„Jetzt kehren wir aber sofort um!" befiehlt Lenka so entschlossen, daß sich jeder Widerspruch verbietet. „Wenn einer von diesen Türmen herunterdonnert, sieht es für uns übel aus", sie zeigt nach oben und hat recht.

Einige der Eistürme ganz in unserer Nähe scheinen kurz vor dem Kippen zu sein. So paddeln wir gleich zu der Felswand zurück. Kaum sind wir da, kracht auch schon der größte aller Eiskolosse in den See und wirft eine gut zwei Meter hohe Hauptwelle auf. Aber auch eine Nebenwelle, die auf uns zurollt, sieht noch bedrohlich genug aus.

„Schnell zum Ufer!" schreie ich.

Doch die Welle ist schneller, als wir paddeln können. Fünf Meter sind wir noch vom rettenden Ufer entfernt, als sie uns erfaßt. Im Nu füllt sie das Boot, das sofort kentert.

Das Wasser ist so eisig kalt, wie es aussieht. Die paar Meter zum Ufer bringen wir schwimmend rasch hinter uns. Wir krabbeln auf die Felsen. Das Boot kriegen wir nicht hinauf, das Ufer ist so steil, daß wir es nirgendwo hochziehen können. Also heißt es weiterschöpfen, bis es wieder aufschwimmt.

„Da hat die Mama aber den richtigen Riecher gehabt", lobt sie Jakob.

„Ja, und es war das erste und letzte Mal, daß wir so dicht an einen Gletscherbruch heranfahren. Das nächste Mal müßt ihr euch das Schauspiel eben durchs Fernglas betrachten."

Die nassen Klamotten legen wir zum Trocknen auf die Felsen. In Unterhosen kauern wir in unmittelbarer Nähe des ewigen Eises, wo es nicht gerade gemütlich warm ist. Auf dem Rückweg gehen wir kein Risiko mehr ein und fahren lieber einen großen Umweg, um immer dicht am Ufer bleiben zu können.

„Da vorne läuft ein Wolf!" Betlas hat ihn als erster entdeckt.

Nahe am Wasser hält das Tier direkt auf uns zu. Es kommt immer näher, bis Jakob losplatzt: „Das ist doch Nanook!" Und dann ist der Hund auch schon bei uns und tollt vor Freude um uns herum. Ein Stück Seil schleppt er hinter sich her.

„Der Mistkerl hat das Seil durchgebissen", schimpfe ich.

„Eine schöne Bescherung, da können sich die Bären in unserem unbewachten Camp so richtig sattfressen." Lenka hat den Ernst der Lage erkannt.

So schnell wie nur möglich paddeln wir zurück und kommen doch zu spät. Völlige Verwüstung erwartet uns. Beide Rucksäcke mit dem Proviant sind aufgerissen, der Inhalt weitum verstreut, vom Eßbaren ließen die Bären keinen Krümel übrig.

„Prost, Mahlzeit!" entfährt es Lenka. „Und was essen wir nun heute abend und morgen den ganzen Tag?"

Nanook kriegt noch eine Ladung Schimpfwörter zu hören, die schlimmsten, die es in der deutschen, englischen und tschechischen Sprache gibt.

Die zündende Idee hat wieder einmal unser Jakob: „Wir haben doch die Angelruten dabei. Vielleicht sind im Fluß Forellen."

Tatsächlich, es gibt viele, und sie sind wie wir auch sehr hungrig und beißen gierig an.

Die Coho Salmons sehen geradezu furchterregend aus. Wegen ihrer großen spitzen Zähne werden sie auch Hundelachse genannt. Ein Fisch von einem Meter Länge reichte für uns fünf; von den Resten wurde auch Nanook noch satt.

Der unwiderstehliche Castle Mountain

„Mann, das ist 'ne Wucht!“ bricht es aus Georg heraus. „Tempo, das müßt ihr sehen!“
Betlas und ich wissen noch nicht, was Georg um die Ecke herum erblickt hat und was wir sehen sollen. Aber wir ahnen es. Das kann nur der Castle Mountain sein.
Wir fahren gegen die Strömung des Flusses, der aus dem Shakes Lake kommt und Shakes Slough heißt. Namensgeber war ein Häuptling der Tlingit-Indianer, die an der Südostküste Alaskas leben. Der Gletscher, der in den See kalbt, heißt entsprechend Shakes Glacier.
Jetzt blicken auch wir auf den gigantischen Berg, dessen Felstürme über zwei Kilometer hoch aus dem Gletscher emporragen. Die Form des Castle Mountain gleicht wirklich einer mittelalterlichen Burg.
„Da bin ich aber gespannt, ob ihr den schafft.“ In Lenkas Stimme schwingt viel Skepsis mit.
„Das weiß ich auch nicht“, räumt Georg ein, „er soll ja noch unbestiegen sein. Vielleicht gelingt uns die Erstbesteigung?“
Ich schlage vor, jetzt zurückzufahren und morgen früh hierher umzusiedeln. „Said hat gesagt, daß wir am Ende des Sees einen guten Lagerplatz finden können.“
Wir wenden und fahren zurück zu der Hütte, die dem Forest Service aus Wrangell gehört. Heute früh hatten wir mit dem Besitzer eines großen Fischcamps direkt an der alaskanischen Grenze gesprochen. Er machte uns auf die Hütte aufmerksam, die wir benützen könnten, wenn keine Förster dort seien. Außer dem wertvollen Tip gab er uns noch ein halbes Dutzend der köstlichen Sockeye-Lachse.
Tatsächlich war die Försterhütte an der Mündung des Shakes Slough unbewohnt, und wir nahmen sie in Beschlag. Nach der Rückkehr von unserer Erkundungsfahrt fühlen wir uns darin schon wie daheim.
„Braver Hund, diesmal hast du gut aufgepaßt“, lobe ich Nanook und befreie ihn von der Kette. Die kann er nicht durchbeißen wie neulich das Seil.
„Ihr solltet zuerst die Lachse ausnehmen“, rät Lenka, „aber nicht gleich alle. Ich fahre mit Jakob nochmals hinaus und hole einen Eisbrocken aus dem Fluß. Den legen wir auf die restlichen Fische, dann bleiben sie sicher noch zwei Tage frisch.“
Ich filetiere drei Lachse, Jakob zerkleinert den Eisklotz und schaufelt die Brocken mit den Händen in einen Topf, den wir in den Schatten auf der Nordseite der Hütte stellen. Georg und Betlas schaffen inzwischen Feuerholz herbei und braten dann die Filets in der Pfanne knusprig.
Bei unserer Ankunft summten nur ein paar Moskitos herum. Nun sind es Tausende, und wir flüchten vor ihnen mit der Pfanne in die Hütte, deren Fenster mit heilen Moskitonetzen verhangen sind. Hier können wir endlich unser Abendessen ungestört genießen. Dafür müssen wir nun den unverschleierten Blick auf die Bergkette auf der anderen Seite des Flusses entbehren. Die von der Sonne rot gefärbten Gletscher spiegeln sich im Wasser.
Ehe wir in die Schlafsäcke kriechen, gehe ich nochmals hinaus und binde Nanook direkt neben dem Topf mit den eisgekühlten Fischen an. Er soll die Raubtiere von ihnen fernhalten.

*

In der Frühe des Morgens weigert sich jeder, draußen inmitten von Moskitoschwärmen die Lachse zu filetieren. Wir lassen das Los entscheiden, und Lenka erwischt das kürzeste Streichholz. Pech für sie, die Fische ausnehmen als typische Männerarbeit betrachtet. Doch sie fügt sich in ihr Schicksal. Ich reiche ihr das frisch geschliffene Messer, sie stülpt sich ein Moskitonetz über den Kopf und huscht hinaus.
„Du Biest! Wo sind die Fische? Du solltest auf sie aufpassen und hast sie gefressen!“
Selten habe ich Lenka so laut schimpfen hören. Doch als sie hereinkommt, schaut sie ganz zufrieden drein: „Die Arbeit ist schon erledigt. Wir können packen.“
Ein paar Stunden später sind wir wieder an der Stelle, wo wir bereits am Abend zuvor

In den Coast Mountains, die sich an der Nordpazifikküste entlangziehen, gibt es viele unbestiegene Berge. Einer von ihnen ist der Castle Mountain, der wirklich wie eine mittelalterliche Burg aussieht und sich mit seinen fast 7330 Fuß von der Meereshöhe erhebt. Der Versuch, diesen Berg zu erklimmen, mißlang auch bei meinen beiden Freunden, Georg und Betlas, die wegen extremem Eisschlag kurz vor dem Gipfel umkehren mußten.

waren. Das Wetter spielt immer noch mit. Der Castle Mountain steht jetzt nicht mehr im Gegenlicht, sondern wird von vorne von der Sonne angestrahlt. Ich nehme das Fernglas und suche nach der besten Route durch die Felswände. Eine extrem schwierige Kletterei scheint uns bevorzustehen.

Ich reiche Georg den Feldstecher. „Wir sollten es über die Eisrinne links versuchen und dann weiter über den Grat. Nach der Karte wäre der Aufstieg von der anderen Seite am leichtesten, aber der Anmarsch verdammt lang. Das würde mindestens eine Woche dauern. Entscheidet selbst."

„Ich möchte den Berg lieber von hier angehen", meint Georg. Die Karte ist ungenau. Vielleicht ist der Aufstieg von der anderen Seite genauso schwierig wie von hier.

Betlas ist der gleichen Meinung. So werden wir es also durch die Eisrinne versuchen. Die Lawinen sind bereits abgegangen, wir erkennen durch das Fernglas nur blankes Eis. Dafür haben wir die richtige Ausrüstung dabei.

Die Slalomfahrt auf dem Gletschersee zwischen den Eisbergen hindurch dauert nicht lange. Die meisten Brocken sind am Ausfluß des Sees aufgestaut.

„Rechts vom Gletscherbruch muß die Stelle sein, wo Said gezeltet hat", rufe ich zum anderen Boot hinüber.

„Mir kommen die Ufer etwas zu steil vor", findet Lenka. Sie hat recht. Nirgendwo ist eine Fläche zu sehen, wo man zwei Zelte aufstellen könnte.

Ein Bach mündet in die kleine Bucht, in die der Wind ein paar Eisberge hineingetrieben hat. Ein romantischer Anblick – jetzt fehlt uns nur noch ein geeigneter Lagerplatz.

Wir finden den Weg zwischen den weißen schwimmenden Kolossen hindurch, und kurz vor der Bachmündung erkennen wir nun doch einen Platz zum Zelten, aber nicht an Land, sondern auf einer winzig kleinen Insel.

„Hurra! Auf einer Insel haben wir noch nie gezeltet!" ruft Jakob begeistert.

Ein paar Stunden später haben wir uns auf unserem unübertrefflich schönen Campingplatz eingerichtet. Die Zelte stehen, die Feuerstelle ist gebaut, das Holz gespalten. Eine dürre Fichte hatten wir auf der Seeseite gegenüber gefällt und zersägt. Mit der „Quicksilver" fuhren wir die Stücke zu unserer Insel.

In der Teekanne summt das Wasser, und der Berg von Pfannkuchen wird immer größer. Diesmal betätigen sich Betlas und Georg als Bäcker. Ihre Pfannkuchen sind zwar nicht so schön rund und nicht gleich groß, wie wenn unsere Meisterköchin sie macht, aber sie schmecken ebenso gut. Schließlich sind sie immer aus dem gleichen Pfannkuchen-Fertigpulver hergestellt. Auch Jakob will sich als Koch versuchen. Ich reiche ihm eine Tüte mit gefriergetrockneter Bergsteigernahrung, und im Nu wird eine wohlschmeckende Suppe daraus. Er brauchte die Packung nur in kochendes Wasser einzurühren.

Am Abend sitzen wir ums Lagerfeuer, zufrieden wie schon lange nicht mehr. Nichts stört unsere Idylle, und wohin wir schauen, erleben wir Natur von ihrer schönsten, unberührten Seite. Es ist noch immer warm, kein Wind weht, und trotzdem gibt es hier keine Moskitos. Die Plagegeister fliegen nicht übers Wasser, und das niedrige Gras, das auf unserem Inselchen wächst, mögen sie auch nicht.

*

„Aufstehen! Der Berg ruft!" läßt sich Georgs Stimme schon beim Sonnenaufgang vernehmen.

Beim Frühstück erfahre ich, daß ich mir den Castle Mountain abschminken muß. Lenka weigert sich nämlich, allein mit Jakob im Camp zu bleiben. So pakken nur Georg und Betlas ihre Kletterausrüstung, das Zelt und Proviant für

Seite 53:
Ein Netz von Schutzhütten, wie diese am Ufer des Shakes Slough, haben die Männer vom alaskanischen Forest Service gebaut. Nur dank solcher Hütten brauchten wir unsere Fahrt zur Pazifikküste nicht vorzeitig abzubrechen. Sie waren für uns ein Refugium während der Schlechtwetterperioden, die sich wochenlang hinziehen können.

Seiten 54/55:
Einer der besten und schönsten Zeltplätze, die wir in Alaska fanden, lag auf einer winzigen Insel im Shakes Lake, ganz nahe am Bruch des gleichnamigen Gletschers. Das Eiland war auch ein idealer Ausgangspunkt zur Besteigung des Castle Mountain, der ganz in der Nähe burgartig aufragt. Auch vor Moskitos waren wir auf dem Inselchen sicher, denn die Plagegeister fliegen nicht gerne übers Wasser. Einen Nachteil hat aber auch dieses Mini-Paradies: Wenn die Schneeschmelze in den Bergen an warmen Sonnentagen zunimmt und das Wasser den See schnell ansteigen läßt, taucht die Insel binnen wenigen Stunden darin unter.

fünf Tage zusammen und verabschieden sich.

„Und was machen wir nun?" frage ich meine beiden, nachdem die Freunde außer Sicht sind. „Untätig will ich nicht auf der Insel herumhocken."

„Ihr könnt ja dort hinauf", schlägt Lenka uns vor und zeigt auf den namenlosen Berg, der sich direkt über uns etwa 1300 Meter hoch erhebt. „Das ist griffiger Fels und gerade recht für eine Tagestour. Ich bleibe hier, passe auf das Lager auf und verfolge euch mit dem Fernglas."

Ein Stück weit nehmen wir den gleichen Weg wie Georg und Betlas. Dann steigen Jakob und ich den Bach entlang hoch. Nach einer Stunde Aufstieg sieht unser Inselchen wie eine grüne Stecknadel aus, umgeben von leuchtend weißen Eisbergen. Der Castle Mountain ragt vor uns auf und wirkt so nah, obwohl er noch Tagesmärsche weit entfernt ist.

„Wir packen den Berg diretissimo, hoffentlich schaffen wir es ohne Seil", gebe ich Jakob zu verstehen. Dann schwenken wir nach Norden, direkt auf den Gipfel zu. Das Gebüsch lassen wir hinter uns und finden im Fels genügend Griffe, um sicher vorwärts zu kommen. Auch Nanook klettert tüchtig mit. Man könnte glauben, er hätte es von den Gemsen gelernt. In früheren Jahren habe ich ihn öfters auf Klettertouren mitgenommen, und er hat immer gut mitgehalten.

Plötzlich stehen wir vor einer glatten Wand, die in einem Winkel von etwa 40 Grad einige hundert Meter ansteigt.

„Was nun?" fragt Jakob.

„Reibungsklettern", lautet meine Antwort. „Du mußt darauf achten, daß deine Schuhsohlen immer ganzflächig auf dem Fels sind, ebenso die Handflächen. So können wir es schaffen. Wenn du abrutschst, scheuerst du die Hosen durch und kriegst Ärger mit Mama. Also vorsichtig!"

Am Spätnachmittag stehen wir auf dem Gipfel. Die Aussicht entschädigt voll für die Anstrengung. Rechts vom Castle Mountain erkennen wir den Mount Gibbons, der von hier ganz anders aussieht als vom Great-Glacier-See.

Beim Abstieg hat nur der Hund einige Schwierigkeiten, braucht aber unsere Hilfe nicht. Schnell erreichen wir die schräge glatte Felswand. Diesmal will ich sie traversieren, weil das Absteigen schwieriger ist als das Hinaufklettern. Am Rande der Wand sprudelt ein Bach mit kristallklarem Wasser. Unsere Feldflaschen sind leer, und der Durst ist groß. Auf dem Bauch liegend, schlürfen wir das köstlich-kühle Naß aus einem kleinen Pool. Der Fels ist hier glitschig und wird Jakob zum Verhängnis. Er rutscht ab, ich kriege ihn nicht zu fassen. Wie auf einer Riesenrutschbahn saust er in die Tiefe. Schnell will ich hinter ihm abklettern, komme auch ins Rutschen und finde mich wenige Sekunden später neben Jakob wieder. Unsere Hosen sind durchgewetzt.

„Nun gibt's doppelten Ärger." Jakob spricht aus, was auch ich denke.

*

„Den Castle Mountain überlassen wir lieber dem Reinhold Messner", sagt Georg trocken statt eines Grußes, als die beiden am Abend des vierten Tages nach ihrem Abmarsch wieder im Lager eintreffen.

„Die Rinne ist unheimlich gefährlich. Dauernd droht Eisschlag. Wir waren schon fast oben, als es mich traf. Zwei Eisschrauben sind dabei ausgebrochen, Betlas hat mich gerade noch am Seil halten können. Zum Glück hatte ich den Kletterhelm auf."

„Bist du wirklich nicht verletzt?" fragt Lenka besorgt.

„Nicht der Rede wert, nur ein paar Kratzer und blaue Flecken."

„Und wie sieht der Fels aus?" will ich wissen.

„Erbärmlich. Total brüchig und verdammt steil", antwortet Betlas. „Der Castle Mountain bleibt also weiterhin unbestiegen, so leid mir das auch tut."

„Ich bin froh, daß ihr früher, als erwartet, wieder hier seid", sagt Lenka, „schaut nur, wie hoch das Wasser inzwischen gestiegen ist. Die Feuerstelle wird bald überflutet sein."

„Kein Wunder bei der Wärme. Auch da oben schmilzt alles. Der Schnee auf dem

Seite 57:
Auch Reibungsklettern war in der Wand des namenlosen, etwa 1300 Meter hohen Berges angesagt, der direkt aus dem Shakes-See wächst. Unser Junior hielt sich dabei so tapfer, daß ich den Berg Peak Jakob taufte.

Seiten 58/59:
Farm Island, eine der Inseln im Delta des Stikine River, überraschte uns mit ihrer Blumenpracht. Das Flachland, das nur ein paar Meter über dem Meeresspiegel liegt, trumpft mit einer Palette von Farben auf, vom Schneeweiß der Wollgräser bis zum Blutrot der Indian-Brush-Blumen. Auch zwei Orchideenarten fand ich dort: Frauenschuh und Calypso.

kleinen Gletscher unterhalb der Wand ist weich wie Grießbrei", berichtet Betlas.

In der Nacht erwache ich aus einem Traum, der eigentlich gar keiner war. Ich träumte, daß ich in einem eiskalten Pool badete. Und als ich die Augen aufschlage, sehe ich, daß die Zeltseite, wo ich liege, tatsächlich bereits zum „Pool" geworden ist. Kleine Wellen plätschern an die Zeltplane und vergrößern die Wasserfläche im Innern.

„Aufstehen! Die Insel ist überflutet!"

Zum Glück wird es draußen schon hell. Hals über Kopf packen wir unsere Sachen zusammen, werfen alles in die Boote und paddeln zum nahen Ufer. Dort packen wir wieder aus und hängen Zelte, Schlafsäcke, Isoliermatten und die nassen Kleidungsstücke an Büschen auf. Zähneklappernd erwarten wir den Sonnenaufgang.

Gegen Mittag ist alles trocken, und unfreiwillig verlassen wir einen der schönsten Zipfel Alaskas. Wieder wollen wir in der Hütte am Shakes Slough übernachten, doch zu unserer Enttäuschung und Überraschung ist sie belegt. Die Förster sind da. Und sie schicken uns zu einer ihrer anderen Hütten nach Farm Island, das bereits im Stikine-Delta liegt.

Auf der Insel machen wir erstmals Bekanntschaft mit Ebbe und Flut. Zum Glück können wir bei Flut den Binkley Slough, einen Seitenarm, bis zu der Hütte hinauffahren. Sie ist noch größer und komfortabler als die andere. Man sieht sie erst spät hinter den riesigen Fichten. Davor erstreckt sich eine weite, mit vielerlei Blumen übersäte Wiese, an die sich ein ausgedehntes Feld von Wollgräsern anschließt. Dahinter bauen sich allmählich dicht bewaldete Berghänge auf, am Horizont überragt von den weißen Spitzen der Gletscherberge.

Auf der Karte sieht diese Gegend gänzlich unattraktiv aus. Der Kontrast zur Wirklichkeit könnte nicht größer sein. Als Bergmensch habe ich nicht geahnt, daß Flachland so schön sein kann.

Zwei Monate lang, im Mai und Juni, hatten wir Glück mit dem Wetter, doch der Nordpazifik empfängt uns mit seinem eigenen, berüchtigten. Seit vier Tagen sitzen wir in der Binkley-Hütte, und noch immer gießt es wie aus Kübeln. Am Tag nach unserer Ankunft hätten wir Wrangell, die nächste Ortschaft, noch trocken erreichen können. Aber wir wollten Farm Island ausgiebig erkunden. Dazu hätten wir jetzt viel Zeit, doch bei Dauerregen verliert auch eine so anziehende Landschaft ihren Reiz. Zu allem Unglück ist auch unser Proviant fast aufgebraucht. Fische lassen sich in der Binkley Slough nicht fangen, jagdbares Wild gibt es auch nicht. So bleiben uns nur noch ein paar Tüten mit Bergsteigernahrung, unsere eiserne Reserve.

*

„Auf geht's!" weckt uns Georg. „Es regnet nicht mehr so stark, das Wasser steht hoch. Am Nachmittag können wir in Wrangell sein. Ich kann keine Kartoffelsuppe mehr riechen. Heute abend bestellen wir Steaks!"

Die Vorstellung von einem schmackhaft gefüllten Teller treibt uns hinaus in den Nieselregen.

Mittags passieren wir bei miserabler Sicht die Sergief-Insel. Von hier aus könnten wir bei gutem Wetter bereits Wrangell sehen. Wir steuern Kurs Südsüdost. In zwei Stunden müßten wir die Nordspitze von Wrangell Island erreichen.

„Warte, Leosch!" ruft Georg, der mit dem „Mammut" hinter uns fährt. „Wir sind aufgelaufen!"

Das hat uns gerade noch gefehlt. Ich wende und bin sogleich bei Georg und Lenka. Für die „Mammut" mit ihrem größeren Tiefgang ist das Wasser hier zu seicht.

„Also doch keine Steaks heute abend", kommentiere ich das Malheur.

„Und warum nicht?" wundert sich Lenka.

„Weil wir erst in zwölf Stunden weiterfahren können. Das sind die Koknuk Flats hier. Und bei Ebbe sehen wir da bald kein Wasser mehr, sondern nur noch Schlamm."

Kanada-Gänse landeten neben unserem Lagerplatz auf dem Shakes Lake. Anders als jene, die ich bisher gesehen hatte, verhielten sich diese uns gegenüber zutraulich.

Am Tummelplatz der Bären

„Ein Bär!“ schreit Jakob am Frühstückstisch.

„Wo denn?“ frage ich verdutzt.

„Dort auf dem Baum. Er schaut mir direkt auf den Teller.“

Tatsächlich, auf dem Baum neben der Hütte hockt ein Schwarzbär und hat Jakobs Sitzplatz genau im Visier. Er guckt nur neugierig.

„Der Teddy will wohl auskundschaften, was bei uns zu holen ist, wenn wir nicht da sind“, vermutet Georg, der sich inzwischen eine andere Meinung über die Bären in der Wildnis zugelegt hat.

„Beim nächsten Mal sollten wir gleich zwei Hunde mitnehmen. Einen, der auf das Camp aufpaßt, und einen, der uns begleitet, wenn wir unterwegs sind.“ Lenkas Vorschlag ist durchaus erwägenswert.

Nach vielen Tagen in durchnäßter Kleidung sind wir endlich im Trockenen, obwohl der Regen draußen nie aufzuhören scheint. Auf der Karte hatten wir eine Försterhütte entdeckt in der Anan Bay an der Südspitze von Wrangell Island. Zum Glück waren keine Forstleute dort, so daß wir in der Hütte schalten und walten konnten. Die Klamotten und die Schlafsäcke sind bereits trocken, auf dem Dachboden hängen noch die Zelte und Schuhe. Durch eine Luke in der Decke steigt die Ofenhitze nach oben, wo jetzt Saunatemperatur herrscht.

*

Anfang Juli erreichten wir Wrangell, das erste Dorf auf unserem Weg durch die Wildnis. Die Russen haben 1833 diese Siedlung gegründet, die damals Fort St. Dionysius hieß. Dreißig Jahre später überließen sie das Fort den Engländern, die es in Fort Stikine umbenannten. Als die Amerikaner 1867 dem russischen Zaren Alaska abkauften, flatterte die dritte Flagge binnen weniger Jahre über der Festung. Auch ihr Name gefiel den neuen Besitzern nicht. Sie tauften sie in Fort Wrangell um nach dem Leiter der Russian American Company, dem Baron Ferdinand von Wrangell.

Als wir in Wrangell ankamen, waren wir ausgehungert wie lange nicht mehr. Keine zwanzig Kilometer von dem Ort entfernt waren wir im angeschwemmten Schlamm des Stikine-Flusses steckengeblieben. Die Koknuk Flats lassen sich nur bei Flut überqueren. Bei Ebbe sinkt der Wasserspiegel des Nordpazifiks bis zu sieben Meter. Die Dry Strait wird dann ebenso trocken wie die Flats.

Dort standen wir eine der grauenhaftesten Nächte durch, die ich je erlebt habe. Als die Boote bei Ebbe trockenfielen, konnten wir sie nicht verlassen, sonst wären wir im Schlamm versunken. Also blieben wir im Dauerregen drinnen sitzen, eingehüllt in eine Wolke von winzigen Stechfliegen, die durch die Kopfnetze drangen und das Mittel gegen Moskitos glatt ignorierten. Die Biester krabbelten in Nase, Ohren, Haare und stachen überall zu. Sie trieben uns schier zum Wahnsinn. Zu allem Unglück hatten wir versäumt, an der Binkley-Hütte unseren Wasserkanister zu füllen, so daß uns nun auch Durst und Hunger plagten. Ohne Wasser konnten wir keine Kartoffelsuppe anrühren. Andere Nahrungsmittel hatten wir nicht mehr. Hätten wir die Hütte auch nur eine Stunde früher verlassen, wäre uns dies alles erspart geblieben.

Im Sturm eroberten wir gleich nach unserer Ankunft den Supermarkt in Wrangell, und jeder konnte kaufen, wonach ihn am meisten gelüstete. Dann setzten wir uns auf die Hafenmole und mampften die Leckerbissen in uns hinein. Jeder ließ den anderen von seinen Leckereien kosten, was mir aber gar nicht gut bekam. Offenbar vertrugen sich Lenkas Rollmöpse nicht mit meinen Keksen und dem Kompott, ebensowenig paßten Jakobs Würstchen zu der Schokolade. Nachts wurde mir so übel, daß ich anderntags unfreiwillig unser Camp hütete und wie tot im Zelt lag. Erst einen Tag später als die anderen konnte auch ich mir die Sehenswürdigkeiten des Ortes anschauen.

Eine Woche lang blieben wir in Wrangell auf dem Lagerplatz im Regen eingesperrt. Dann verloren wir die Geduld, stopften die nassen Zelte und Schlafsäcke in die Säcke und starteten die Bootsmotoren. Der Weg zur Anan Bay war lang und das Wetter

Nie zuvor habe ich so viele Bären auf einem Haufen gesehen wie am Anan Creek an der Südspitze von Wrangell Island. Dutzendweise kommen nicht nur Schwarzbären, sondern auch Grizzlys an diesen Bach, in dem die Lachse zu einem in den Bergen gelegenen See hinaufziehen. Die Bären ließen sich von uns beim Lachsfang nicht stören und benahmen sich wohlgesättigt absolut friedlich.

miserabel. Es goß in Strömen, das Meer war aufgewühlt, die Dünung hoch, und warm war es auch nicht mehr. Nanook wurde seekrank und litt auf der ganzen Fahrt fürchterlich. Jakob war wieder einmal der einzige, der an dieser schrecklichen Fahrt noch Gefallen fand. Je höher die Wellen, je mehr die Boote darauf tanzten, desto größer seine Begeisterung. Am liebsten wäre er ständig Vollgas gefahren. Erst in der Dämmerung erreichten wir – zum Glück bei Flut – die Anan-Hütte. Unsere Habe brauchten wir nicht weit zu tragen, denn das Wasser reichte fast bis an die Treppe.

*

Am Vormittag läßt der Regen nach, es nieselt nur noch. Unser Teddy ist vom Baum heruntergeklettert und im Wald verschwunden. Statt dem Schwarzbären können wir nun mit dem Fernglas ein paar Grizzlys beobachten, darunter eine Mutter mit ihrem Jungen am Ufer. Nirgendwo sonst haben wir so viele Weißkopfadler gesehen. Manchmal kreisen zwei Dutzend über der Bucht.

Die ungewöhnliche Häufung dieser Tierarten gerade hier erklärt uns der Skipper einer Motoryacht, die in die Bucht hineinfährt. Pauline und Clark, so heißen die beiden Yachties, sind Naturfilmer und Tierbuch-Illustratoren. Sie haben sich auf die alaskanische Flora spezialisiert und kommen jedes Jahr in die Anan Bay.

Sie laden uns auf ihre Yacht ein, verwöhnen uns im Salon mit allerlei Köstlichkeiten, und dann beginnt Clark zu erzählen: „So etwas wie hier habe ich selten gesehen. Immer um diese Zeit kämpfen sich Abertausende von Lachsen durch den Anan Creek zu ihren landeinwärts liegenden Laichplätzen. Sie müssen wilde Stromschnellen und eine Reihe von Kaskaden überwinden. Nur mühsam kommen sie vorwärts und ruhen sich immer wieder in Kehrwassern oder Pools aus. Vor lauter Fischen sieht man dort kaum noch das Wasser, so dicht drängt sich Körper an Körper. Sie sind natürlich im wahrsten Sinne des Wortes ein gefundenes Fressen für die Bären. Die kommen von weit her. Schwarz- und Grizzlybären, die sich sonst gar nicht mögen, fischen hier friedlich nebeneinander. Mit ihren Krallen greifen sie die Lachse. Einige Fische entkommen verletzt und werden dann eine leichte Beute der Weiskopfadler."

Clark schlägt vor, daß wir uns morgen früh bei ihm treffen. Dann will er uns die Mündung des Baches zeigen, die nicht leicht zu finden ist.

Gleich nach Sonnenaufgang – es ist die Zeit der Flut – fahren wir zuerst in eine Lagune, die bei Ebbe fast austrocknet. Im stillen Wasser der Lagune springen die Pink Salmons, eine von vielen Lachsarten. Dichter Urwald mit gewaltigen Sitka-Fichten reicht bis zum Ufer. Auf den Ästen sitzen mehrere Adler, die ausgewachsenen mit weißem Kopf und Schwanz, während die Jungvögel noch einfarbig braun sind.

„Da schwimmt ein Seeotter!" Betlas deutet auf einen Tierkopf im Wasser auf der anderen Seite der Lagune.

„Nein", korrigiert ihn Clark, „das ist ein Seehund. Aber Otter gibt es hier auch. Die sind alle hinter den Lachsen her. Da vorne binden wir die Boote an, und in genau dreizehn Stunden müssen wir wieder hier sein. Dann steht die Flut genauso hoch wie jetzt."

„Kann Nanook uns begleiten?" frage ich unseren Führer.

„Lieber nicht. Der Hund soll hier auf uns warten. Ein Grizzly würde ihn töten, wenn er ihn belästigt."

„Nein, das tut er nicht. Der Hund hat Riesenrespekt vor den Bären, er verbellt sie nur." Dennoch wird Nanook an einem Boot angebunden. Wir hätten ihn besser in der Hütte gelassen.

Ohne Clark hätten wir die Stelle, wo die meisten Bären fischen, nicht gefunden. Wir folgen einem Trampelpfad, der mit echtem Bärendreck übersät ist, ein Häuflein am anderen. Manchmal führt der Pfad bis zum Wasser, dann steigt er wieder weit den Hang hinauf. Wir legen etwa drei Kilometer zurück und helfen Pauline und Clark, die schweren Filmkameras zu tragen. Sie haben eine hervorragende Ausrüstung, die ein Vermögen gekostet hat. Aber das wird eben von Leuten erwartet, die für National Geographic, das anspruchsvollste

Seite 65:
Ganz nahe kam diese Grizzly-Mama mit ihrem Bärchen am Anan Creek zu mir heran. Nur der etwa sechs Meter breite Bach trennte uns.

Seiten 66/67:
In die Lagune der Anan Bay, in die der Anan Creek mündet, kann man nur bei Flut mit dem Boot hineinfahren. Bei Ebbe fällt die Lagune trocken, bei Flut aber wimmelt es dort von Seehunden, die Lachse jagen. Im klaren Wasser kann man sie dabei beobachten.

Magazin seiner Art, fotografieren und in eigener Regie Tierfilme drehen.
„Jetzt müssen wir zum Ufer hinunter, da ist eine prima Stelle“, sagt Pauline.
Der Abhang ist naß und glitschig von dem vielen Regen, und wir sehen hernach entsprechend aus. Das Tal verengt sich hier zum Canyon, der Bach ist kaum mehr sechs Meter breit. Aus einem See in den Bergen, zu dem es die Lachse unwiderstehlich hinzieht, rauscht er in unzähligen Kaskaden hinunter zum Meer.
Auf unserer Bachseite ragen senkrechte Felswände aus dem Wasser. Die Felsen gegenüber sind zerklüftet und nicht so steil. Dort bilden sich Pools, die voll von Fischen sind.
Sieben Schwarzbären können wir beim Fischen zuschauen. Doch Grizzlys sehen wir nicht.
„Die kommen später, erst am Mittag“, belehrt uns Clark. „Vergangenes Jahr haben wir zwei Dutzend Schwarzbären und mehr als ein Dutzend Braunbären gezählt. Die Grizzlys sind hier weniger zahlreich als ihre schwarzen Vettern. Einmal haben sechzehn gleichzeitig gefischt, davon sieben Grizzlys. Was haben wir gefilmt!“
Davon habe ich bisher nur träumen können.
Pauline baut ihre Kamera etwa fünf Meter oberhalb des Baches auf einem Felsvorsprung auf, und Clark klettert zum Wasser hinunter. Von seinem Standpunkt kann er die Bären mit dem Teleobjektiv geradezu porträtieren.
Von dem Felsen, wo Pauline steht, haben wir die beste Aussicht. Von hier können wir nicht nur viele Kaskaden überblicken, sondern auch aus dem Canyon weiter flußabwärts schauen.
„Der hat schon den elften Lachs gefressen.“ Lenka deutet auf einen kleineren Schwarzbären. „Jetzt hat er den nächsten am Wickel. Muß der einen Bärenhunger haben!“
Ich kann nur staunen, mit welcher Geschicklichkeit die scheinbar so tolpatschigen Teddys die Fische aus dem Wasser holen. Mit wenigen Bissen verschlingen sie die bis zu einem dreiviertel Meter großen Exemplare. Die Felsen drüben sehen wie nach einer Schlacht aus. Manche Adler wagen sich bis zu den Bären heran und greifen sich die Reste, die vom Bärenschmaus übrigbleiben.
„Dort hinten auf den Flats ist eine Grizzly-Mutter mit ihrem Eineinhalbjährigen.“ Pauline läßt mich durch den Sucher der Filmkamera schauen.
Das riesige Tier fischt mit dem Nachwuchs mitten im Bachlauf. An jener Stelle ist das Wasser seicht und hat einen breiten Talabschnitt überflutet. Ich wundere mich, warum nicht auch die beiden in den Canyon gehen, wo sich die Lachse zusammendrängen. Doch die Bärin ist eine geübte Fängerin und schnappt spielerisch leicht vorbeischwimmende Fische. Das Junge versucht, es ihr gleichzutun, aber ohne Erfolg.
Auch Clark hat die Bärin bemerkt. Er entsichert seine kurzläufige Schrotflinte und stellt sie griffbereit neben sich. Ich besitze die gleiche Flinte und weiß, daß man damit sehr starke und wirkungsvolle Munition verschießen kann. Ein Volltreffer haut den größten Bären um.
„Wird die Bärin Clark angreifen?“
„Das glaube ich nicht“, verneint Pauline meine Frage. „Aber die Grizzlys, besonders die Mütter mit Jungen, sind manchmal unberechenbar. Die da kommt jedenfalls näher. Bald hat sie den Canyon erreicht und wird direkt vor Clark stehen.“
Lenka und Jakob bleiben bei Pauline. Georg und Betlas ziehen weiter. Sie wollen bis zum Anan- und Boulder-See, zu den Wanderzielen der Lachse. Ich klettere zu

Seite 69:
Auch die Weißkopfadler, das Wappentier der USA, suchen im Sommer zu Dutzenden die Anan Bay auf. Sie fressen die Fischreste, welche die Bären übriglassen. Das ist weniger mühsam, als selbst Lachse zu fangen. Manchmal lassen sie sich ganz nahe bei den Bären nieder, werden aber nicht von ihnen verjagt. Warum auch? Die Anan Bay ernährt alle ihre Kostgänger, und seien sie noch so gefräßig.

Seiten 70/71:
Zuerst dachte ich, es werde uns nie gelingen, die glitschigen Lachse mit bloßer Hand aus dem Bach zu holen. Die Bären mit ihren Krallen haben da keine Schwierigkeiten; sie ziehen einen Fisch nach dem anderen heraus. Auch wir hatten viele in den Händen, konnten aber keinen festhalten und in den Rucksack stecken. Bis ich endlich die richtige Methode entdeckte: Ich ließ die Lachse über meine Hand schwimmen, berührte sie ganz sanft am Bauch und steckte dann blitzschnell den Zeigefinger hinter die Kiemen. Von diesem „Haken“ gab es kein Entkommen, und der Rucksack füllte sich nun schnell mit den köstlichen Pink Salmons.

Clark hinunter, um die Bären auch einmal von seiner Warte aus zu beobachten.
Wie Pauline es vorausgesehen hat, ist die Bärin bereits ganz nahe bei uns. Sie wirkt nicht aggressiv, sondern konzentriert ihre Aufmerksamkeit allein auf die Fische. Hier gelingt es auch dem Grizzly-Jungen, ein paar Lachse zu fangen.
Vom Berghang tappt wenig später ein wahrer Grizzly-Riese herunter, der größte, den ich je gesehen habe. Er verscheucht alle Schwarzbären und beherrscht nun unangefochten den besten Fangplatz am Bach. Die Bärin mit ihrem Jungen wagt sich nicht in seine Nähe. Wir kümmern den braunen Koloß nicht im geringsten, obwohl wir keine sieben Meter von ihm entfernt sind. Nur der reißende Bach trennt uns von ihm. Es ist aufregend, mit so einem Prachtexemplar von Grizzly konfrontiert zu sein. Wir aber sind ihm gleichgültig, sein Interesse gilt allein den Lachsen, von denen er in kurzer Zeit an die zwanzig verschlingt.
Es ist Nachmittag. Alle Bären scheinen satt zu sein und begeben sich auf ihren Verdauungsspaziergang. Neue kommen nicht mehr zum Bach. Ich steige wieder zu Lenka und Jakob hinauf.
„Jetzt haben wir lange genug zugeschaut und wissen nun, wie man's macht. Gehen wir also auch Lachse fangen!“
Ich packe die Rucksäcke so um, daß einer leer bleibt. Dann queren wir den Hang, bis wir die Flats erreichen. Dort waten wir durchs seichte Wasser auf die andere Bachseite, und bald erreichen wir den ersten Pool. Es wimmelt darin von silbrigen schlanken Fischkörpern.
„Lenka, halte den Rucksack geöffnet, ich werfe die Lachse gleich hinein!“ Ich versuche, den ersten zu fassen, doch er gleitet mir aus den Händen. Mit den nächsten geht es nicht anders, und kein einziger landet im Rucksack. Die Fische sind so glitschig, daß man sie nicht festhalten kann.
„Wie lange soll ich den Rucksack denn noch offenhalten?“ macht sich Lenka lustig.
„Versuch doch du mal dein Glück.“
Wir wechseln die Plätze, aber der Rucksack bleibt weiterhin leer.
„Krallen müßte man haben wie die Bären“, hat Lenka richtig erkannt.
Georg und Betlas kommen von ihrem Ausflug zurück, beobachten unseren vergeblichen Lachsfang und grinsen spöttisch.
„Kommt, ich zeig' euch, wie man's macht“, sagt Georg schließlich gönnerhaft. „Wenn ich mal einen Fisch gefaßt habe, hat er keine Chance mehr zum Entkommen.“
Georg ist ein exzellenter Kletterer, er trainiert seine Hände jeden Tag mit einem Gerät, das er immer und überall bei sich hat. Dadurch hat er wahre Bärenkräfte in den Fingern.
Schon hat Georg einen Lachs gefaßt und drückt ihn, als wolle er ihn zerquetschen. Doch – schwuppdiwupp – flitzt auch ihm der Fisch aus den Händen, zurück ins Wasser. Ich weiß nicht, wie viele Lachse Georg noch aus dem Pool greift. Im Rucksack landet jedenfalls kein einziger.
„Jetzt hab' ich's heraus!“ rufe ich.
Ein Lachs zappelt an meinem Zeigefinger wie an einem Angelhaken. Der Finger ist dem Fisch unter die Kiemen geglitten.
Dann erkläre ich meine neue Fangmethode: „Ihr müßt den Fisch langsam von unten berühren, am besten am Bauch etwas kitzeln und dann blitzschnell den Finger hinter die Kiemen stecken. Aber paßt auf die Zähne auf!“
Es dauert nicht lang, bis der Rucksack prall voll ist. Einen kleinen Fehler hat meine Methode freilich: Wir alle haben einen blutigen Zeigefinger. Den scharfen Lachszähnen kann man doch nicht immer entgehen.

Beim Heidelbeersammeln traf ich einen jungen Grizzly-Bären, welcher der gleichen Beschäftigung nachging. Plötzlich kletterte der etwa anderthalbjährige Petz auf einen Baum, und ich suchte auch nach einem geeigneten für mich, falls ich mich vor der Bärenmutter würde retten müssen. Doch sie tauchte nicht auf. Der Jungbär war wohl ein Waisenkind. Keine drei Meter hockte er über mir. Höherklettern konnte er nicht, zum Heruntersteigen fehlte ihm der Mut. Also hatte ich viel Zeit, ihn aus der Nähe anzuschauen.

In den Fjorden

„Camp Island in Sicht!" Betlas holt das Letzte aus seiner Stimme heraus, damit ihn auch Georg und Lenka hören, die uns im zweiten Boot folgen.

Nun kann es nicht mehr passieren, daß wir im Schlamm steckenbleiben. Wir haben uns Tide Tables angeschafft, und anhand dieser Tabellen läßt sich genau feststellen, wann die Flut einsetzt und wann sie ihren Höchststand erreicht.

Unter den Booten liegt eine gigantische Anschwemmung von Sand und Schlamm aus dem North Arm des Stikine River. Der Meereswasserspiegel hat nun die Höchstmarke erreicht, unsere Berechnungen stimmen genau.

Die Camp-Insel ist nicht groß, höchstens ein Kilometer im Durchmesser, mit hohem, kräftig-grünem Wald bewachsen.

„Keine Spur von einer Hütte", meldet Betlas. „Vielleicht hat Iwan doch nur Geschichten erzählt", gebe ich zu bedenken, obwohl ich mich frage, warum der neue Freund in Wrangell uns belogen haben sollte.

Mit einem Holzstab mißt Betlas die Wassertiefe. Wir kommen dem Ufer immer näher. „Vielleicht liegt die Hütte dort in der Nähe." Betlas deutet auf einen großen Baumstamm am Ufer, der mit Bauklammern und Seilschlaufen versehen ist. „Daran kann man Boote anbinden. Und das da sieht aus wie ein alter Trampelpfad. Die Hütte soll doch verlassen sein und ist inzwischen vielleicht schon überwuchert."

Er hat recht. Bald stehen wir vor einem uralten Bauwerk, das sich aber noch gut zum Übernachten eignet. Wir finden sogar einen Besen, und bald ist drinnen alles blitzsauber.

Unsere neue Bleibe liegt direkt am Ausgang der Le Conte Bay, eines engen Fjords, der sich etwa zwanzig Kilometer ins Land hinein erstreckt. Am Ende des Fjords befindet sich der südlichste Gezeitengletscher Nordamerikas, der Le Conte Glacier.

Am Abend gehe ich nochmals zu den Booten, um ein paar Sachen zu holen. Ich komme aus dem Staunen nicht heraus: Daß die Schlauchboote auf dem Trockenen liegen würden, damit hatte ich gerechnet. Aber daß weit und breit kein Wasser mehr zu sehen ist, bringt mich schier aus der Fassung. Die Eisberge, die am Nachmittag noch den Fjord hinuntertrieben und gemächlich unsere Insel passierten, stecken jetzt im Schlamm und müssen ein paar Stunden warten, ehe sie ihre Reise zum Meer fortsetzen können. Man könnte meinen, das Ende des Frederick Sound sei trockengelegt worden, und die vorgelagerten Inseln, die etwa zehn Kilometer westlich liegen, seien zu Fuß erreichbar.

Ich pfeife Nanook herbei, und wir gehen auf dem Meeresgrund spazieren. In einigen Vertiefungen, in denen noch ein Rest Wasser steht, wimmelt es von Fischen. Sogar größere Halibuts, diese Riesenflundern, lassen sich mit den Händen fangen. Einen etwa einen Meter langen Fisch kriege ich aus dem Wasser. Halibut hat ein köstliches Fleisch. Es läßt sich so leicht vom Skelett ablösen, daß keine Gräte zurückbleibt. Solche unerhoffte Fischvorräte machen natürlich unseren Aufenthalt auf der Camp-Insel recht angenehm.

*

Mittags, bei Hochwasser, fahren wir mit „Quicksilver" los. Das andere Boot und den größeren Teil unserer Ausrüstung lassen wir auf Camp Island zurück. Nur ein wasserdichtes Faß mit Zelten und Schlafsäcken nehmen wir mit. Hier müssen wir alle Ausflüge den Gezeiten anpassen. Rund zwanzig Kilometer sind es bis zum Gletscher. Irgendwo am Ende des Fjords wollen wir übernachten.

Bald fühlen wir uns wie in einem tief eingeschnittenen Canyon. Unendlich hohe Felswände wachsen stellenweise senkrecht aus dem Wasser. Wasserfälle stürzen über sie in die Tiefe, und über allem thronen die Gletscher. Die Hänge der Seitenschluchten sind dicht bewaldet, in den Tälern schießen wilde Gebirgsbäche dahin. Eine dieser Schluchten öffnet sich nun unmittelbar neben uns.

„Diesmal sind es aber keine Seehunde!" Betlas springt auf. „Seht ihr die Köpfe im Wasser dort, wo der Bach einmündet? Das müssen Seeotter sein."

Fünf sind es, und sie zeigen keine Scheu. Eine Weile mustern sie uns neugierig, dann tollen sie weiter wie junge Hunde. So verspielte Tiere trifft man selten. Eines hält

Romantisch war unser Lagerplatz in einem Seitental des Fjords Le Conte Bay. Im Bach, der in die Lagune mündet, gab es unzählige Coho Salmons, Hundelachse, die mit der Rute und einem großen Dreierhaken leicht zu fangen sind. Am Bachufer blühten Heideröschen, prächtige Sitka-Fichten beherrschten die Berghänge.

sich etwas abseits von den anderen und schläft. Es hat sich wohl an den Lachsen überfressen, die hier im Bach hochziehen. Der Otter schläft auf dem Rücken liegend, läßt sich von den Wellen schaukeln und von der Sonne wärmen. Von Zeit zu Zeit fährt er sich mit der rechten Pfote über die Schnauze und schneidet regelrecht Grimassen. Wir kommen ganz nahe an das verschlafene Tier heran und hätten beinahe seinen vollgefressenen Bauch streicheln können.

„Ist er nicht putzig?" flüstert Lenka. „Wären das nicht auch niedliche Haustiere?"

„Nur etwas teure, wenn du ihnen jeden Tag einen Lachs kaufen mußt", lacht Georg.

Der Fjord wird noch enger, seine Wände steigen mehr als einen Kilometer in die Höhe und sind so steil, daß kein Baum darin Wurzeln schlagen kann. Noch eine Biegung nach rechts, und der Gletscherbruch wird sichtbar.

Es verschlägt uns den Atem. Extrem steil, leuchtend weiß und wild zerklüftet ist der Eisstrom, der sich von Kanada nach Alaska schiebt. Dort an der Grenze, wo die Gletscher sich teilen, steht ein dreitausend Meter hoher Felsturm, Devil's Thumb, des Teufels Daumen. Vergleichbare Berge solcher Gestalt kenne ich nur aus Patagonien. Um den Teufelsdaumen zu besteigen, bräuchten wir einen halben Monat. Das wäre eine regelrechte Expedition. Der Turm ist vom Frederick Sound aus zu erkennen, obwohl er hundert Kilometer landeinwärts steht. Die meisten Extrembergsteiger kennen ihn nicht, doch ein paar Spezialisten haben ihn bereits bezwungen.

Eisberge aller Größen und Formen, vom gigantischen Block bis zum zierlichen Filigran, treiben durch den Fjord zum offenen Meer.

„Ich seh' ein Seeungeheuer!" meldet Jakob.

In der Tat, man braucht nicht viel Fantasie, um einen Drachen zu erkennen. Glasklar und blau wie der Himmel ist der Eisklotz mit Kopf und Rachen und abstehenden Ohren.

Aus Erfahrungen soll man lernen. So fahren wir diesmal nicht bis an die kalbende Eiswand heran, denn dieser Gletscher ist noch aktiver als alle anderen. Ständig stößt er neue Eistürme ins Wasser hinunter.

„Jetzt reicht's mit der Eisschau", mahnt Lenka. „Der Abend naht, wir sollten uns umschauen, wo wir die Zelte aufschlagen können."

„Vorhin habe ich einen Seitenfjord gesehen, in den ein Bach mündet. Oben in den Bergen liegt ein See. Schau mal in der Karte nach." Georg reicht mir die wasserdichte Kartenhülle.

„Das sieht gut aus. Da finden wir sicher auch Lachse."

Ich gebe Gas, und es dauert nicht lange, bis wir nach links abbiegen und in einen schmalen Seitenarm des Le-Conte-Fjordes einfahren können. Die Berge der Umgebung tragen dichte Fichtenwälder, und erst die Gipfel dahinter sind kahl und schneebedeckt. Unter der höchsten Spitze, dem Wilkes Peak, muß laut Karte ein See liegen.

Immer tiefer tauchen wir in die Bergwelt hinein, das Wasser wird flacher und klarer, so daß wir die Lachse ziehen sehen. Es sind Coho Salmons mit den großen Zähnen. Die Einheimischen nennen sie auch Hundelachse. Viele sind einen Meter lang. Unser Abendessen ist gesichert.

Die Bachmündung ist von einer idyllischen Blumenwiese gesäumt, an den Ufern blühen Heideröslein, stolze Sitka-Fichten umrahmen die Szenerie. Mancher Stamm hat einen Durchmesser von zwei Metern.

Schnell steht das Camp, und bald danach ist auch ein Fisch gefangen. Iwan hatte uns erklärt, wie man sie am einfachsten angelt. Er gab uns ein paar große Drillinghaken und eine dicke Angelschnur mit. Unsere Angelrute muß viel aushalten, denn die Coho-Lachse kämpfen verbissen um ihr Leben.

Wir brauchen den Haken nicht oft auszuwerfen. Der Bach ist so voll von Fischen,

Seite 77:
Mit überwältigendem Erfolg stellten wir die Krabbenfalle in der Thomas Bay nahe der Försterhütte am Cascade Creek. Über Nacht krochen die runden Dungeness Crabs dutzendweise hinein. Aus dem zarten Fleisch ihrer Scheren und Beine machten wir wohlschmeckenden Salat, und zwar so viel, daß auch Nanook von der Delikatesse mehr als nur kosten durfte.

Seiten 78/79:
Aus dem Fjord Le Conte Bay treiben riesige Eisberge zwischen dicht bewaldeten Berghängen in den Frederick Sound hinaus. Wir hielten respektvollen Abstand zu ihnen. Denn manchmal drehen sich die Kolosse um ihre Achse und könnten auch größere Boote als die unseren erfassen und versenken.

daß einer beim ersten Wurf an der Schwanzflosse aufgespießt und rückwärts aus dem Wasser gezogen wird. Mit dem Blinker läßt sich nichts ausrichten, weil Lachse beim Ziehen nicht anbeißen.

Das Geschirr vom Abendessen ist gespült – die letzte Arbeit am Tage. Lenka spielt mit Betlas und Georg Canasta. Ich habe heute keine Lust dazu. Lieber schlendere ich noch ein wenig am Bach entlang und schaue mir die Gegend an. Es ist kurz vor der Dämmerung, zum Fotografieren schon zu dunkel. Die Kamera bleibt deshalb im Camp. Doch ich bereue das sehr schnell, denn was ich da sehe, hätte ich auch bei mäßigem Licht gerne geknipst: einen leibhaftigen Kolibri! Ich wußte, daß es diese winzigen Vögelchen auch in Alaska gibt, die im Flug wie große Hummeln aussehen. Sie schlagen so schnell mit den Flügeln, daß diese nicht mehr zu erkennen sind. Sie stehen buchstäblich in der Luft, wenn sie mit dem langen Schnabel den Nektar aus den Blüten saugen. Und nun sitzt so ein Kolibri direkt vor mir und rührt sich nicht von der Stelle!

Langsam pirsche ich mich an das Vögelchen heran, bis ich es fast berühren kann. Es fliegt immer noch nicht weg. Und da erkenne ich erst, daß es tot ist, obwohl es so lebendig aussieht.

Ich stecke den Kolibri behutsam in die Jackentasche und nehme ihn mit in unser Lager. Am andern Morgen setze ich ihn auf einen Fichtenzweig in der Sonne und mache die außergewöhnlichsten Kolibri-Bilder meiner Fotografenkarriere. Ich freue mich schon auf die verdutzten Gesichter der Experten, die wohl kaum einen sitzenden Kolibri gesehen haben.

*

Eine Woche ist vergangen. Das Fischerdorf Petersburg liegt hinter uns, wo wir Benzin, Lebensmittel und eine Krabbenfalle gekauft haben. Dazu bekamen wir Tips, wo man die Falle am besten stellen kann. Zu einem dieser Plätze sind wir nun unterwegs, zur Thomas Bay. Die Bucht, in die zwei Gletscher fließen, hat sich tief ins Festland eingekerbt. Inzwischen besitzen wir eine Spezialkarte, in die alle Hütten des Forest Service eingezeichnet sind. Das Wetter an der Küste ist recht durchwachsen, und ich bin froh, daß wir im Regen nicht die Zelte aufbauen müssen, sondern uns in einer der Hütten einquartieren können. Zu unserem Glück werden die meisten von den Förstern kaum benützt.

In aller Frühe fahren wir in Petersburg los, um ruhiges Wasser zu haben, denn in der Nacht flaut es ab, und es gibt keinen hohen Wellengang mehr. Doch ausgerechnet heute früh fängt es an zu wehen, die Wellen erreichen den Rand unserer Schlauchboote, wir schöpfen im Akkord.

Die Sicht ist so schlecht, daß wir uns ohne Schiffskompaß auf dem mehr als zehn Kilometer breiten Frederick Sound nicht hätten orientieren können. Bald muß irgendwo die Nordspitze einer Halbinsel auftauchen, dann können wir endlich in die Thomas Bay einbiegen. Dort sind Felsen auf der Chart, der Schiffskarte, im Fahrwasser eingezeichnet mit nur fünf Fuß Wassertiefe. Wir müssen also höllisch aufpassen.

Die Wellen gehen mit den Booten wie mit Spielzeug um. Nirgendwo können wir anlanden, die Küste ist mit Felsbrocken übersät, an denen wir zerschellen würden. Da heißt es wieder einmal durchhalten.

Endlich haben wir die Landspitze gerundet, zum Glück bei höchstem Wasserstand und ohne Grundberührung. Die Motoren haben die Gewalttour heil überstanden.

Zwischen den Inseln der Thomas Bay bläst der Wind nicht mehr so heftig, wir kommen zügiger voran. Bald erreichen wir die geschützte Einbuchtung am Cascade Creek, wo „unsere“ nächste Hütte steht.

Die Förster finden wirklich die schönsten Bauplätze für ihre Blockhütten. Ein Bach, der Cascade Creek, stürzt von den Bergen herunter in eine kleine Bucht, die ringsum mit dichtem Regenwald bewachsen ist.

Seite 81:
Gletscherbrüche ziehen mich magisch an, besonders jener des Le Conte Glacier. Der Gletscher fließt recht schnell, und ständig stürzen haushohe Eistürme ins Meerwasser des Fjords.

Seiten 82/83:
Der Le Conte Glacier ist der südlichste Gezeitengletscher Nordamerikas. Von der kanadischen Grenze fließt sein mächtiger Eisstrom zum Meer hinunter. Die Eismassen, die vom Gletscherbruch ins Wasser donnern, werfen hohe Wellen auf, von denen sich glasklare Eisberge schaukeln lassen.

Einer dieser Kolosse sah wie ein Meeresungeheuer aus.

In einer Höhle am Fuße des Gletscherbruchs wechselten die Farben von hellgrün bis dunkelblau.

Bei Ebbe kommt ein Strand zum Vorschein, bei Flut, so wie jetzt, steigt das Wasser bis zu den Wurzeln der Bäume.

In einem Schuppen liegt ein großer Haufen Feuerholz, die Axt steckt im Hackklotz. Wir sind durchnäßt und ausgefroren wie schon lange nicht mehr nach dieser Überfahrt, die etwa acht Stunden gedauert hat. Jetzt noch die Zelte aufbauen und einrichten? Das hätte uns gerade noch gefehlt!

Ein paar Minuten später brennt das Feuer im Herd. Darüber trocknen unsere Kleidungsstücke. Wie gut der Tee mit Rum schmeckt, den wir in Petersburg gekauft haben, brauche ich wohl nicht zu beschreiben.

Die Krabbenfalle und die Vision von köstlichem Krabbensalat treiben uns schnell wieder aus dem Haus. In den runden Käfig werden ein paar Fischköpfe als Köder plaziert. Die Falle wird über Bord geworfen und sinkt auf etwa zehn Meter Wassertiefe. Ein mit ihr verbundener leerer Kanister markiert als schwimmende Boje ihren Standort auf dem Grund. Mehr können wir an diesem Abend für unseren Krabbensalat nicht tun.

Todmüde vergraben wir uns in die Schlafsäcke.

*

Schon beim ersten Tagesschimmer sitzen Jakob und Georg im Boot, um nachzusehen, wie viele Krabben in die Falle gegangen sind. Georg braucht tatsächlich alle Kraft, um den Käfig ins Boot zu hieven.

„Leosch, komm schnell! So was hast du noch nicht gesehen. Die Falle ist randvoll!“

„Bring sie zum Strand. Dort kann man die Krabben besser rausholen.“

Die meisten sind runde Dungeness, eine der besten Krabbensorten. Aber auch Tanner Crabs mit ihren langen Beinen sind dabei. Sie lassen sich nur mühsam aus der Falle zerren. Mit den Scheren klammern sie sich fest, und obwohl ich Handschuhe trage, spüre ich immer wieder, wie scharf diese Scheren sind.

Jakob soll aufpassen, daß keine Krabbe aus dem Kübel krabbelt, in die ich sie hineinwerfe. Und obwohl ich ihn gewarnt habe, hängt schon eines der größten Viecher an seinem Zeigefinger. Der Junge schreit wie am Spieß. Lenka stürzt aus der Hütte und wähnt ihren Sohn im Griff eines menschenfressenden Ungeheuers.

„Was ist denn nun schon wieder los?“ Als sie erkennt, was wirklich passiert ist, versucht sie, die Schere an Jakobs Finger aufzumachen. Aber da wird sie selbst von der Krabbe am rechten Arm erwischt.

Ich schütte mich aus vor Lachen. Eine Szene wie in einem verrückten Film.

„Lach nicht wie ein Irrer! Hilf uns lieber!“

Zugegeben: Bis dahin wußte ich nicht, daß eine Krabbe so viel Kraft in den Scheren hat. Es dauert eine ganze Weile, bis ich meine Familie von dem Folterwerkzeug befreit habe. Auch Betlas eilt herbei, der von dem Geschrei draußen aufgewacht ist.

„Paßt auf! Die Krabben hauen ab!“ schreit nun auch er.

„Laß sie doch laufen, die Biester!“ knurrt Lenka zurück und wickelt sich ein Taschentuch um den blutigen Daumen. Jakobs Zeigefinger wird von mir auf gleiche Weise ärztlich versorgt.

Georg und Betlas machen sich daran, die rücksichtslose Beute wieder einzufangen.

Auch Kolibris sah ich an der alaskanischen Pazifikküste oft, allerdings immer nur im Flug. Einmal entdeckte ich aber doch so einen Winzling sitzend. Ganz vorsichtig schlich ich mich in der Abenddämmerung näher, immer in Sorge, ihn zu verscheuchen. Doch er blieb wie angewurzelt sitzen, weil er gar nicht wegfliegen konnte. Der Kolibri war tot. Ich nahm ihn mit und setzte ihn am anderen Morgen an eine geeignete Stelle in den Sonnenschein, drehte ihn ein paarmal und machte so recht ungewöhnliche Fotos von einem sitzenden Kolibri. Es sei mir verziehen.

Zwischen Schwert- und Buckelwalen

„Zwei Wale an Backbord!“ meldet Jakob.
„Wo, ich sehe nichts“ widerspricht Lenka.
„Siehst du denn die Fontänen nicht? Leosch hat doch gesagt, daß man sie daran erkennen kann.“
„Ja, jetzt sehe ich es auch. Der Rücken kommt gerade hoch.“
Gebannt schauen wir, wie auch die große Schwanzflosse aus dem Wasser herausragt und unter der nächsten Welle wieder verschwindet. Der zweite Wal wuchtet sogar seinen Körper weit aus dem Wasser.
„Das sind aber Kolosse, wie lang werden sie wohl sein?“ fragt Betlas.
„Fünfzehn Meter wenigstens“, schätzt Georg.
„Hoffentlich kommen sie nicht näher“, macht sich Lenka Sorgen.
„Keine Angst, die tun uns nichts“, beruhige ich sie. „Das sind doch keine Raubfische.“
Wir fahren dicht nebeneinander. Den ganzen Tag kämpfen die Boote gegen die hohe Dünung an, obwohl es nicht sehr windet. Die Stephens-Passage ist hier fast dreißig Kilometer breit. Ein Kurs von 270 Grad liegt an, also genau nach Westen. Voraus liegt Admirality Island mit der Pybus Bay, das Ziel unserer heutigen Etappe. Allmählich geht unser Benzinvorrat zur Neige, und dort, in der Pybus Bay, gibt es den Sprit in einer Lodge zu kaufen. Es ist zwar keine öffentliche Tankstelle, doch ein Freund des Besitzers dieses Hotels in der Wildnis hat uns eine Empfehlung mitgegeben. Betuchte Angler kommen mit dem Wasserflugzeug hierher, um ihrem Hobby, der Hochsee-Angelei, nachzugehen.
„Das ist ja richtig nobel hier“, findet Georg, als wir die Boote am Landesteg festmachen.
„Ob das Alan ist, der gerade aus dem Haus kommt?“ Lenka tippt richtig.
Der junge Mann in Jeans und Holzfällerhemd ist tatsächlich der Besitzer der Lodge. Und er kommt uns sehr entgegen. Alle Tanks und Kanister werden mit Benzin gefüllt und wir dazu noch zu Kaffee und Kuchen eingeladen.
Lenka lassen die Wale noch keine Ruhe. Sie besteht darauf, daß ich Alan frage, ob sie wirklich nicht gefährlich sind.
„Es gibt bei uns sehr viele Wale, aber nur in drei verschiedenen Sorten: Minkes, Humpbacks und Orcas“, erklärt Alan uns. „Und die greifen euch bestimmt nicht an. An die Humpbacks solltet ihr trotzdem nicht zu nahe heranfahren. Wenn so einer mit der Flosse das Boot treffen sollte, kann es für euch böse enden. Die Orcas nennen wir Killerwale. Sie sind große Jäger und fressen alles, auch Seelöwen und im Süden sogar Haie. Sie jagen in Formationen und töten selbst das größte Tier der Erde, ihren Artgenossen Blauwal, der bis zu der Länge von 100 Fuß aufwächst und 130 Tonnen wiegen kann. Dabei sind die Killerwale selbst höchstens 23 Fuß lang. An Menschen wagen sie sich aber nicht.“
Alan steht auf, gießt uns Kaffee nach und berichtet dann weiter: „Wenn die Humpbacks springen – das ist ein Schauspiel, das man so schnell nicht vergißt. Manche messen fünfzig Fuß und schleudern sich in voller Länge aus dem Wasser. Nachher fahre ich mit ein paar Gästen zum Halibut-Fang in eine Ecke, wo sich besonders viele Wale aufhalten. Wenn ihr wollt, könnt ihr mitkommen.“
So ein Angebot lassen wir uns natürlich nicht entgehen.
Wenig später sitzen wir in einem von Alans „Action Boats“, einem schnellen Motorboot, und rauschen aus der Bucht. Der Angelplatz ist bald erreicht, und die Köder werden ausgeworfen. Jeder von Alans Gästen träumt davon, den ganz großen Halibut zu fangen.
Jakob entdeckt eine überzählige Angel an Bord und will auch sein Glück probieren. Alan steckt ihm eine Sardine auf den großen Dreierhaken, und unser Junior ist mächtig stolz, einmal richtig mit der Hochseeangel umgehen zu dürfen.
Nach einer halben Stunde rattert bei ihm als erstem die Leine von der Rolle.
„Hilf mir, Leosch, ich kann die Angel nicht mehr halten!“
„Das muß aber ein Brocken sein!“ Auch ich schaffe es nicht, den Fisch ans Boot heranzuziehen. Alan übernimmt die Angel, er hat die meiste Erfahrung. Aber auch er braucht lange, bis er Jakobs Halibut in

Die erste Begegnung mit den Buckelwalen war für uns sehr aufregend, als wir sahen, wie die zwei gut fünfzehn Meter großen Kolosse aus dem Wasser auftauchten, die Fontänen ausstießen und dann beim Abtauchen mit den riesigen Schwanzflossen auf die Wasseroberfläche schlugen.

Bootsnähe geholt hat. Allein schafft er es nicht, den Fisch über die Reeling zu hieven.
„Halt die Angel fest", fordert er mich auf. Dann nimmt er den Revolver vom Gürtel und beendet mit einem gut gezielten Schuß den Kampf mit dem Fisch. Alan ergreift eine Stange mit einem Haken am Ende, und zu zweit ziehen wir damit den Fang an Deck. Die Gäste staunen und sind wohl auch ein wenig neidisch. Schließlich liegt da der größte Halibut der Saison, doppelt so schwer wie der Angler, der ihn gefangen hat. Der Held des Tages heißt Jakob.
Gut zehn Kilogramm wiegt jedes der beiden Fischfilets, die wir auf den Weg zur Försterhütte in der Donkey Bay mitnehmen. Vor Einbruch der Dunkelheit müssen wir dort sein.
Morgen früh laufen wir bei Flut aus, und winken nochmals Alan und seinen Gästen zu. Unser nächstes Ziel ist die Gambier Bay, wo sich die Orcas mit Vorliebe aufhalten sollen.
In der Bucht waren wir vor dem Nordwind geschützt, aber nun, wo wir den Pybus Point runden und wieder die Stephens Passage erreichen, erfaßt uns der Gegenwind mit aller Wucht. Von Stunde zu Stunde bauen sich höhere Wellen auf, wir nehmen mehr Wasser über, als wir lenzen können, um es einmal in der Seemannssprache zu sagen. Plötzlich fängt auch noch unser Motor an zu stottern und setzt dann ganz aus.
„So ein Mist! Was ist denn los?" schimpft Betlas, der das Boot steuert.
„Ist noch genug Benzin im Tank?"
„Nein, ich muß ihn wechseln", gibt Betlas zu.
Inzwischen hat Georg bemerkt, daß mit uns etwas nicht in Ordnung ist. Er nimmt das Gas weg, fährt einen weiten Bogen und kommt langsam auf uns zu. Ohne Fahrt hopst unser Boot wie ein Pferd beim Rodeo auf den Wellen. Ich schöpfe, was das Zeug hält, durch die Lenzlöcher fließt bei Stillstand des Bootes kein Wasser mehr ab. Ich allein muß also alles hinauskriegen, was oben hereinläuft.
„Achtung, ein Wal!" Lenkas Schrei ist nicht zu überhören.
Das Boot bäumt sich hoch auf und fällt dann tief hinab. Das war keine Welle. Ich hebe den Kopf und erblicke an Backbord ganz nahe den mächtigen Rücken eines Buckelwals, der wie ein Fels aus dem Wasser ragt. Mein Herz droht zu zerspringen.
„Um Gottes willen!" Auch Betlas' Stimme ist angsterfüllt.
Vom anderen Boot schreit Georg herüber: „Starte doch endlich den Motor, du Idiot!"
Im Benzinschlauch ist noch Luft, Betlas pumpt den Sprit in den Vergaser, dann zieht er an der Anlasserleine. Der Motor heult auf, das Boot macht einen Satz nach vorn. Und in dieser Sekunde peitscht neben uns die Rückenflosse des Wals aufs Wasser. Sie ist größer als unser ganzes Boot. Eine gewaltige Welle schlägt über uns zusammen. Zum Glück kann das Schlauchboot nicht sinken.
„Der hat uns ums Haar umgeschmissen." Betlas' Gesicht ist kalkweiß.
„Ja, das war verdammt knapp."
„Und du hast dabei noch fotografiert?" fragt Betlas ungläubig, als er die wasserdichte Kamera in meinen Händen wahrnimmt.
„Fotografiert schon, aber auf den Bildern wird nicht viel zu sehen sein."
„Mann, du hast vielleicht Nerven!"
„Ich hab's irgendwie unbewußt getan. Vielleicht, weil mir die Kamera griffbereit um den Hals gebaumelt hat."
„Ist euch was passiert?" fragt Lenka besorgt, als das andere Boot uns erreicht.

Seite 89:
Jakob angelte einen Halibut, der größer und schwerer als er selbst war. Es war sogar das gewichtigste Exemplar, das in der Saison des Sportfischerzentrums Pybus Lodge am Frederick Sound gefangen wurde. Die Gäste des Hotels in der Wildnis reagierten ein wenig neidisch, als sie Jakobs Fang sahen, denn sie bezahlten viel Geld für den Angelurlaub, während wir nur so nebenbei vom Hotelbesitzer zu einem Angelausflug eingeladen worden waren.

Seiten 90/91:
In der Stephens-Passage waren wir keinen einzigen Tag auf dem Wasser unterwegs, ohne daß uns Buckelwale begegnet wären. Alle waren harmlos, nur einer wurde uns gefährlich, wenn auch ohne Angriffsabsicht. Ausgerechnet in dem Augenblick, als der Wal unter uns war, blieb der Motor der „Quicksilver" stehen, weil der Benzintank leer war. Neugierig oder irritiert, weil er kein Motorgeräusch mehr hörte, tauchte der Wal auf, nahm uns fast auf seinen riesigen Buckel und hätte uns ums Haar mit seiner gewaltigen Schwanzflosse versenkt. Wir lernten aus dem Vorfall und hatten fortan in ausgedehnten Gewässern, in denen mit Walen zu rechnen ist, immer genug Sprit im Tank.

SUZUKI
SAIL
PYBUS

MERCURY

„Gar nichts, du kannst ganz beruhigt sein. Wir müssen jetzt bloß das viele Wasser aus dem Boot kriegen. Der Motor läuft wieder."

„Das war ein tolles Abenteuer, nicht wahr?" findet Jakob.

Der Vorfall soll uns als Lehre dienen. In den Gewässern, wo sich Humpbacks tummeln, darf nie wieder der Motor mangels Sprit stehenbleiben.

Das Wetter meint es wieder einmal nicht gut mit uns. Der starke Nordwind bringt eiskalten Regen. Ich kann es kaum erwarten, bis wir die Church-Bight-Hütte in der Gambier Bay erreichen.

Die Fahrten auf dem Meer werden zur Qual für uns – außer für Jakob. Der Junge liebt das stürmische Wetter mehr als das sonnige, ruhige, das ist ihm zu langweilig, zu wenig aufregend. Doch ich habe nun Aufregung genug erlebt, mir hängen Regen und Kälte zum Hals heraus, obwohl ich damit von vornherein gerechnet habe.

Das Barometer fällt und fällt. Zwei Stunden dürfte die Fahrt zu der Försterhütte noch dauern. Hoffentlich wird sie nicht belegt sein, denn weit und breit gibt es keine andere. Mir graut bei dem Gedanken, die Zelte wieder im Regen aufbauen zu müssen. Ich hasse inzwischen die nassen Klamotten, die nie mehr ganz trocken werden, und den klebrig-feuchten Schlafsack und das qualmende Feuer im Freien und das Kochen im kalten Niesel.

Die schlimme Vision verflüchtigt sich, die Hütte ist frei, wir genießen den Einzug ins Trockene. Ohne diese Schutzhütten hätten wir unseren Trip wohl schon längst abgebrochen, im nächsten Hafen alles aufs Schiff verladen und die Tickets nach Skagway gekauft.

Der Boden unter dem spitzen Dach wird wieder zum bewährten Trockenraum, auf dem Herd brutzeln Halibutschnitzel, die zweite Kanne Tee ist bereits leergetrunken. Bei Canasta- und anderem Kartenspiel kehrt die gute Laune vollends wieder.

Das Barometer hat die Fahrt in den Keller noch nicht gestoppt. Und so niedrig wie der angezeigte Luftdruck hängen draußen auch die Wolken, aus denen ununterbrochen der Regen herunterprasselt.

Die Tage vergehen, der Zeiger des Barometers scheint sich am Tiefpunkt verklemmt zu haben, Langeweile breitet sich in der Hütte aus. Der Fischvorrat ist aufgezehrt, wir ernähren uns von der eisernen Reserve, die schnell schrumpft.

„Das war unser letztes Mehl" verkündet Lenka und stellt den Teller mit den Fladenbroten auf den Tisch. „Was wir dann essen, weiß nur der Himmel. Ihr könnt mir aber nicht weismachen, daß es in dem Bach hinter der Hütte keine Lachse gibt, wenn sie sonst überall herumschwimmen."

„Dann schau' doch selber nach, wenn du's nicht glaubst. Wenn es dir gelingt, einen Fisch herbeizuschaffen, fresse ich ihn roh." Georg ärgert sich, weil er die ganze Gegend durchstreift und keinen einzigen Fisch an den Haken bekommen hat.

„Kommt, wir unternehmen noch einen Versuch! Etwas müssen wir doch finden!" Mein Entschluß steht fest. An die Weiterfahrt ist vorerst nicht zu denken, wir brauchen hier aber etwas zu essen.

Alle Männer, zu denen ich heute auch Jakob zähle, ziehen ihre Regenkleidung an und machen sich auf den Weg. Lenka bleibt allein in der Hütte. Beide Gewehre werden mitgenommen, obwohl ich mir kaum vorstellen kann, daß wir mit dem Karabiner etwas schießen können. Rehe gibt es kaum, allenfalls ein Wildhuhn oder eine Ente. Die Angelrute bleibt dagegen in der Hütte. Wenn Georg keine Fische gefunden hat, finden wir auch keine.

Die Gewehre schweigen den ganzen Tag. Jakob entdeckt die Pilze als erster, einen Ring großer rötlicher Röhrlinge.

„Ob sie eßbar sind?"

Seite 93:
Auf Admirality Island in der Gambier Bay hielt uns schlechtes Wetter zwei Wochen lang gefangen. Der Proviant ging zur Neige, und nur dank der Lachse, die wir in einem Bach entdeckten, wurde unsere Ernährungslage nicht dramatisch. Danach konnten wir allerdings für längere Zeit keinen Fisch mehr riechen, geschweige denn essen.

Seiten 94/95:
Als sich das Wetter endlich besserte und wir weiterfahren konnten, begegneten wir kurz vor der Ausfahrt aus der Gambier Bay einer Herde von Orcas, auf deutsch Schwertwale, die fälschlicherweise auch als Killerwale in Verruf sind. Stundenlang konnten wir sie beobachten und kamen nicht aus dem Staunen heraus, wie verspielt sie sind. Dem Menschen werden sie nicht gefährlich. Sie machten Jagd auf Seehunde in der Bucht, die sie mit Vorliebe fressen. Mancher dieser schwarzweißen Jäger maß mehr als acht Meter, und mit einer Geschwindigkeit bis zu fünfzig Kilometer in der Stunde fegten sie um uns herum.

Ich beiße ein Stück ab. „Bitter sind sie jedenfalls nicht, schmeckt ganz gut. Sammeln wir sie!"
„Und wenn sie doch giftig sind?" meldet Betlas seine Bedenken an.
„Ich glaub's nicht. So ähnliche hat mein Vater auch gesammelt, und er kannte sich gut aus."
„Was, dein Vater war auch in Alaska?" wundert sich Georg.
„Natürlich nicht. Es gibt hier teilweise die gleichen Pilzsorten wie in Europa. Diese hier werde ich testen, und wenn ich überlebe, vertragt ihr sie auch."
Das Pilzgulasch schmeckt gar nicht übel, das Pilzesammeln kommt also aufs Tagesprogramm. Auch Steinpilze finden wir, die natürlich besser sind als unsere unbekannten rötlichen.
Nach vier Tagen Pilzgulasch mögen wir auch die Steinpilze nicht mehr.
„Der Regen hat nachgelassen. Heute will ich endlich mal was anderes essen als Pilze." Lenka ist fest entschlossen, alle Bäche abzusuchen, die in die Bay münden.
„Irgendwo müssen wir doch einen Bach mit Lachsen finden, dann können wir auch die Krabbenfalle stellen. Denn die Fischköpfe braucht man doch als Köder, nicht wahr?"
Nach eineinhalb Wochen wird erstmals wieder der Bootsmotor gestartet. Diesmal bleibt nur Nanook in der Hütte zurück.
„Die größten Bäche sind am Ende der Bucht. Wir sollten zuerst dorthin fahren, und wenn es da keine Lachse gibt, klappern wir die anderen Bäche ab." Mein Vorschlag findet Anklang, und wir machen uns auf den weiten Weg. In der Bucht sind die Wellen zahm, und wir kommen zügig voran.
Da gerade Flut herrscht, gelangen wir bis zu der Stelle, wo ein breiter Bach in die Bucht mündet. Und in seinem klaren Wasser erblicken wir Tausende von Pink Salmons.
„Hurra, jetzt können wir uns den Bauch bald wieder mit Lachs vollschlagen!" jubelt Jakob. „Wie gut, daß Mama die Pilze nicht mehr riechen konnte!"
Ein Pool im Bach ist voll von Fischen. Binnen wenigen Minuten sind zwei Kisten damit gefüllt. Lachse für eine ganze Woche.
Von nun an ist Schluß mit der vegetarischen Kost. Bald haben wir auch Krabben in Hülle und Fülle, bei Ebbe finden wir sogar ein Feld mit Miesmuscheln.
Das Tief hält sich beharrlich, das Barometer will und will nicht steigen. Nach einer Woche hängen uns auch Lachssteaks und Krabbensalat zum Hals heraus. Wir träumen von trockenem Brot und einfachen Mehlgerichten. Aber den Heißhunger danach können wir nicht stillen, solange wir hier vom Wetter festgehalten werden. Endlich bewegt sich der Zeiger des Barometers nach oben, und es hört zu regnen auf.
Alles ist in den Booten wohlverstaut. Die Motoren schnurren. Adieu Church Bight!
Wir nehmen Kurs auf eine kleine Insel, und als wir sie schon voraus in Sicht haben, schnellt plötzlich ein riesiger schwarzweißer Körper aus dem Wasser.
„Ein Orca!" rufen Lenka und Jakob wie aus einem Mund.
„Da sind viele. Schau nur die Rückenflossen, hier zwei und dort drei. Das ist ja eine ganze Herde." Georg freut sich wie ein Schneekönig.
Betlas und ich fahren schnell zum anderen Boot hin. Die Schwertwale kreisen um uns herum und führen Kunststücke vor, als wären sie in einem Meeresaquarium dressiert worden und dann ausgebrochen.
„Der da will uns rammen!" schreie ich, und wir erstarren alle vor Schreck.
Wie ein Torpedo schießt der Wal auf uns zu, doch im letzten Augenblick taucht er und wuchtet sich ganz knapp hinter den Booten wieder aus dem Wasser. Er reißt den Schlund auf, als wolle er uns auslachen. Seine großen weißen Zähne sehen zwar furchterregend aus, aber auch dieser schwarz-weiße Koloß hat offenbar keine feindlichen Absichten. Die Orcas tollen noch eine Weile um uns herum, ehe die ganze Herde wie auf Befehl in der Tiefe verschwindet.
„So, die Orcas können wir abhaken. Und jetzt ab nach Juneau ins erste beste Restaurant!"
„Aber bitte in keines mit Fischspezialitäten!" ergänzt mich Lenka.

Die Seeotter machten mir von allen Tieren, die wir an der Nordpazifikküste beobachten konnten, am meisten Spaß. Ob junge oder alte, sie sind alle gleich putzig und verspielt und zutraulich. Jene, die wir trafen, hatten wohl noch nie einen Menschen gesehen. An ein Tier, das mit vollgefressenem Bauch auf dem Rücken schlief, kamen wir mit dem Boot so nah heran, daß wir es beinah streicheln konnten. Seeotter halten sich gerne an der Mündung von Flüssen und Bächen auf, wo sie Lachse fangen, ihre Leibspeise.

Zu den schönsten Bergen der Welt

„Leosch, ich muß dir etwas gestehen“, eröffnet mir Georg, nachdem er eine Zeitlang mit offenem Mund dagestanden und nur gestaunt hatte. „Die Berge, die wir auf unserer Rußlandexpedition in Pamir gesehen haben, waren schon super, aber diese hier sind einfach bombastisch.“

Als wir aus der Glacier Bay in die John-Hopkins-Inlets abbogen, verschlug es auch mir fast den Atem. Aus extrem steilen Bergen fließen nicht weniger als fünf Gletscher herunter, vereinigen sich dann zu einem einzigen Strom, dessen gewaltiger Bruch einen engen Fjord mit Eisbergen versorgt. Vom Meeresspiegel erheben sich diese Berge dreieinhalb Kilometer in den Himmel. Ihre so nah erscheinenden Gipfel aber werden überragt von einem noch mehr als einen Kilometer höheren Giganten, dem Mount Fairweather. Es ist der Grenzberg zwischen Kanada und Alaska.

„Also, welchen packen wir?“ fragt Betlas unternehmungslustig. „Den Mount Wilbur oder den Salisbury oder doch den Lituya Mountain?“ Er deutet auf die drei nahen Spitzen.

„Am liebsten alle drei, wenn wir einen Monat früher dran wären“, entgegne ich bedauernd. Ich weiß, daß wir keinen dieser einmalig schönen Gletscherberge besteigen können, denn der Winter naht unaufhaltsam. Eigentlich müßten schon die Herbststürme übers Land fegen, statt dessen scheint die Sonne vom wolkenlosen Himmel. Ob wir es wahrhaben wollen oder nicht: Der Indian Summer liegt in den letzten Zügen. Uns bleiben höchstens noch zwei freundliche Tage, das Barometer fällt bereits.

„Dann schlage ich vor, daß wir den namenlosen Gipfel bei unserem Camp besteigen, und wenn wir ihn bezwingen, habe ich auch schon einen Namen für ihn.“ Georg hat recht. Den Zweitausender schaffen wir mit der notwendigen Ausrüstung vielleicht in einem Tag. Die anderen Berge, so nah sie auch erscheinen, erfordern eine mehrtägige Tour mit Expeditionscharakter.

Wir machen mit dem Boot eine Wende, umfahren langsam den Confusion Point und kehren zu dem Strand zurück, wo wir unser Zeltlager an einem Bach aufgeschlagen haben.

„Darf ich nach links abbiegen zu dem großen Gletscher da hinten?“ In dem ruhigen Wasser des Fjords steuert Jakob die „Quicksilver“.

„Warum nicht, es ist ja erst vier Uhr, es bleibt noch ein paar Stunden hell“, antwortet Lenka, und Jakob strahlt. Das Boot zu steuern, ist für ihn eine Lieblingsbeschäftigung. Er kriegt gar nicht genug davon.

Der Gletscher am Ende der Glacier Bay hat nicht nur respektable Ausmaße, auch sein Name klingt anspruchsvoll: Grand Pacific Glacier. Der Gletscherbruch verläuft exakt der kanadischen Grenze entlang, kanadisch ist also auch der lange Eisstrom dahinter.

Der Tarr Inlet, wie der Fjord heißt, der zum Gletscherbruch hinführt, war noch Anfang dieses Jahrhunderts gänzlich mit Eis gefüllt. In den vergangenen neunzig Jahren hat sich der Gletscher dann zwanzig Kilometer weit zurückgezogen. Und Ende des 18. Jahrhunderts gab's auch die Glacier Bay noch nicht. Die Gletscher kalbten damals direkt in die Icy Strait.

*

Heute schreibt man schon den 20. September. Seit unserer unvergeßlichen Begegnung mit den Schwertwalen ist schon ein Monat vergangen. Von Admirality Island hatten wir doch nicht direkt nach Juneau

Auf meinen Reisen habe ich viele überwältigend schöne Berge gesehen, aber jene in der Glacier Bay übertrafen alles. Vom Meeresspiegel ragen sie fast fünftausend Meter hoch, aus ihren grandiosen Gipfelregionen fließen unzählige Gletscherströme. Zwölf von ihnen ziehen sich bis zum Meer hinab, und aus ihren Gletscherbrüchen stürzen donnernd und wellenschlagend gigantische Eistürme in den Fjord. Manche dieser stürzenden Riesen sind siebzig Meter hoch.

Glacier Bay, dieser mehr als hundert Kilometer lange Fjord, ist noch keine zweihundert Jahre alt. Als der Entdecker Kapitän George Vancouver 1794 die Icy Strait fand, gab es die Gletscherbucht noch nicht. Die Glacier Bay war damals selbst noch ein Gletscher, der direkt in diese Wasserstraße, die Icy Strait, kalbte. Dann aber zog sich das Eis von der alaskanischen Pazifikküste schnell ins Landesinnere zurück.

fahren müssen. Unterwegs war uns nämlich ein Fischkutter begegnet, dessen Kapitän uns Lebensmittel und Benzin verkaufte. So konnten wir noch die Fjorde Tracy Arm und Taku Inlet erkunden, die wirklich sehenswert sind.

Tracy Arm ist in der Inside-Passage einer der längsten dieser engen Fjorde. Die schmale Fahrrinne führt zu den beiden Sawyer-Gletschern, deren Brüche ihresgleichen suchen.

Wo der Gletscherbruch des nördlichen Sawyer Glacier ins Wasser taucht, hat sich eine riesige Eishöhle gebildet, die mich magisch anzog. In der Höhle und aus ihr heraus wollte ich die eindruckvollsten Aufnahmen machen, die mir je geglückt sind. Kaum war ich mit dem Boot ein Stück weit in die Höhle eingefahren, da löste sich ein großer Eisbrocken von der Decke und krachte kurz vor dem Bug ins Wasser. Die von dem Einschlag aufgeworfene Welle ließ das Boot fast kentern. Lenka geriet in Panik, Jakob wurde kreidebleich, mir fuhr der Schreck in alle Glieder. Georg und Betlas blieb dieses ums Haar verhängnisvolle Abenteuer erspart. Sie waren zum Eisklettern auf dem südlichen Sawyer-Gletscher unterwegs. Dabei gerieten sie in keine einzige gefährliche Situation, denn sie hatten vor Gletschern schon immer mehr Respekt als ich – allerdings nur bis zu diesem Tag.

Vom Taku Inlet machten wir noch einen Abstecher nach Kanada. Gegen die starke Strömung des Taku River fuhren wir flußaufwärts zu einer Försterhütte direkt an der kanadischen Grenze.

Wir passierten gigantische Gletscherströme, fuhren danach durch dichte Wälder und stießen auf großflächige Wiesen. Dort sammelten wir Walderdbeeren fast so groß wie Gartenerdbeeren, im Geschmack aber unvergleichlich besser.

Mehl und Zucker hatten wir dem Fischkutterkapitän reichlich abgekauft. So labten wir uns in der Grenzhütte bald an herrlich duftendem Brot, dick bestrichen mit der köstlichsten Erdbeermarmelade, die mir je auf die Zunge kam. Nur das Wetter war wieder gegen uns. Es hielt uns in der Hütte gefangen, und nach einer Woche schmecken auch die leckersten Marmeladebrote nicht mehr. Die alte Erfahrung bestätigte sich mal wieder, daß Überfluß rasch im Überdruß endet.

Sobald es das Wetter zuließ, machten wir uns auf die Fahrt nach Juneau, der Hauptstadt Alaskas, die wir in zwei Tagen erreichten. Ihre Sehenswürdigkeiten blieben zunächst unbeachtet. Auf dem schnellsten Weg stürzten wir zu einem mexikanischen Restaurant und machten uns an Enchiladas, Empanadas und Takos. Und deutsches Bier hatten sie dort auch, das nach zwei Monaten der Enthaltsamkeit unheimlich gut schmeckte.

Selten haben wir eine Hütte oder einen Zeltplatz fahrplanmäßig verlassen können, und auch in der Auke Bay nahe Juneau hielt uns anhaltendes Regenwetter in den Zelten länger als geplant fest. Von Tag zu Tag schrumpfte unsere Hoffnung, daß wir jemals die Glacier Bay bewundern und schließlich mit unseren Booten nach Skagway gelangen könnten. Mitte September hatten wir uns bereits damit abgefunden, daß wir alles einpacken und in einen Leihwagen laden müßten, um von unserem Campingplatz zum Hafen zu fahren und von dort mit einem Passagierschiff zu unserem Endziel Skagway.

Dann hatte der Wettergott doch noch ein Einsehen mit uns. Aber nur so viel, daß wir es wagten, mit den eigenen Booten loszufahren. Als wir die Nase aus der Stephens Passage um die Halbinsel herum in den Lynn Canal steckten, hätte ich am liebsten sofort umgedreht. Der Nordwind pfiff so kräftig und baute so hohe Wellen auf, daß ich überzeugt war: Dies ist kein Revier für Schlauchboote. Jakob überredete uns, wenigstens den Versuch zu wagen.

Seite 101:
Die Seelöwen in der Glacier Bay, die wir auf Marble Island entdeckten, waren für mich eine echte Überraschung. Mit ihnen hatte ich nie und nimmer gerechnet. Der Kolonie von mehr als zwei Dutzend Tieren kamen wir so nahe, daß wir ihr Treiben auf den Felsen genau beobachten konnten. Die kämpfenden Bullen brüllten tatsächlich wie Löwen. Nachdem auch sie uns lange genug gemustert hatten, stürzten sich alle Tiere wie auf Kommando ins Wasser, als ob sie uns auch noch aus anderer Perspektive beäugen wollten.

Seiten 102/103:
Am Ende der Glacier Bay, ganz nahe an der kanadischen Grenze, bestiegen wir einen namenlosen Berg, den wir dann Friendship Mountain tauften. Unterhalb dem Gipfel stießen wir auf einen kleinen Gletschersee. Unseren Durst konnten wir leider nicht mit seinem Wasser stillen, denn die Eisschicht um den See herum war so brüchig, daß wir ein eisiges Bad riskiert hätten.

QUICKSILVER

Als uns der Wind voll erfaßte, hatten wir ohnehin keine Chance mehr, zurück in die geschützte Passage zu gelangen. Gegen den Wind und die Wellen, die noch auf die Flut prallten, hätten wir keine zehn Meter anfahren können.

Nun blies uns der Sturm zwanzig Kilometer nach Süden, und nirgendwo gab es eine Stelle zum Anlanden. Schon rechnete ich mit dem schlimmsten, doch dann erreichten wir die geschützte Funter Bay, in der wir den Orkan abwettern konnten.

Als dem Nordwind schließlich die Puste ausging, sagte mir die Vernunft, daß wir die Gelegenheit unbedingt nützen sollten, nicht weiter nach Westen, in die Icy Strait, zu fahren, sondern nach Norden, durch den berüchtigten Lynn Canal nach Skagway, das Endziel unserer Fahrt auf dem Pazifik. Aber der Lockruf der Berge am Ende der Glacier Bay war stärker als alle Vernunft. Man braucht ja nur, aus der Funter Bay kommend, den Lynn Canal zu überqueren, und schon gelangt man in die Icy Strait, den Anfang der Glacier Bay. Ihrer unübertrefflichen Schönheit verdankt es die Gletscherbucht, daß sie zum Nationalpark erhoben wurde. Wir konnten ihrer Verlockung nicht widerstehen.

Die Icy Strait zeigte sich uns von ihrer häßlichsten Seite. Dauerregen prasselte auf uns herab, nur der Kompaß konnte uns bei einer Sichtweite nahe Null einen halben Tag lang verläßlich auf Kurs West halten. Dann drehten wir nach Norden und erreichten am Abend, durchnäßt und ausgefroren, den Hafen von Bartlett Cove. Dort haben die Hüter des Nationalparks ihre Zentrale.

Wie von Geisterhand weggeschoben, verschwanden die Wolken nach ein paar Tagen. Der Indian Summer gewann noch einmal die Oberhand.

Die ersten Sonnenstrahlen trafen uns schon draußen auf dem Wasser. In einem Tag wollten wir das Westende des langen Fjords erreichen. Auf den Marble-Inseln entdeckten wir eine Kolonie von Seelöwen, denen wir bisher nirgendwo begegnet waren. Sie zeigten nicht die geringste Scheu und blieben auf ihren Inselfelsen liegen. Offenbar genossen sie die Herbstsonne ebenso wie wir. Wir fuhren noch näher heran, Seehunde hätten sich jetzt im Wasser in Sicherheit gebracht. Doch die Seelöwen dachten nicht daran. Zu unserer Unterhaltung führten uns die Bullen eine Rauferei vor. Und gerade, als wir abdrehen wollten, stürzte sich die ganze Herde doch noch in die Fluten, als wollten die Seelöwen ihre Besucher auch noch von der anderen Seite betrachten.

Am Abend entdeckten wir einen Lagerplatz am Anfang des John Hopkin Inlet mit einem Panorama, an dem man sich nicht sattsehen konnte.

*

Es ist noch stockdunkel, als mich Georgs Stimme aus dem Schlaf reißt: „Alle Mann raus aus den Federn! Unser Zweitausender wartet!“

Der kleinste Mann muß leider bei Mama im Camp bleiben, denn zweitausend Höhenmeter rauf und wieder runter an einem Tag, das ist schon ein harter Brocken. Dazu erwartet uns ein Gletscherbruch, der durchklettert werden muß, und ein Gipfelfels, der auch nicht von unten, vom Wasser gerade harmlos aussieht.

Zuerst folgen wir dem Bach, an dessen Ufer unser Lager steht. Es beginnt zu tagen, und wir fangen geradezu an zu rennen, denn wir wissen, daß der Weg zum Ziel lang ist.

Seite 105:
So anziehend die Bergriesen in der Glacier Bay auch waren, wir konnten leider keinen von ihnen besteigen, weil die Jahreszeit schon zu weit fortgeschritten war. Täglich wurden die ersten Herbststürme erwartet. Deshalb entschieden wir uns für einen namenlosen Zweitausender, den wir in einem Tag bezwingen mußten, denn eine Schlechtwetterfront war bereits im Anzug.

Noch bei Dunkelheit stürmten wir los, folgten einem Bachlauf und erreichten noch am Vormittag den Gletscherbruch am Fuße unseres Berges. Ihn mußten wir ohne Seilsicherung, nur mit Steigeisen und Eispickel, durchklettern. Aus Gewichtsgründen hatten wir einen Teil der Ausrüstung im Camp gelassen, da wir mit allzu schweren Rucksäcken nicht so schnell vorangekommen wären. Am Nachmittag standen wir unter dem Gipfelfels.

Seiten 106/107:
Von der Oberkante des Gletschers unseres Friendship Mountain genossen wir die herrliche Aussicht auf den Lamplugh Glacier, der ganz in der Nähe unseres Zeltlagers seine Eisbomben ins Meer warf.

Um vollends zum Gipfel unseres Zweitausenders zu gelangen, mußten wir einige hundert Meter frei klettern. Wie ein Riesenzuckerhütl sah der Fels aus.

Der Bach hat sich einen tiefen Canyon in den vom Gletscher hingeschobenen Schotter gegraben. Vor hundert Jahren war hier noch alles mit Eis bedeckt.
„Das hat uns gerade noch gefehlt!" schimpft Georg, der etwas vorausgeeilt ist. „Zurück, da ist ein Wasserfall."
Wir müssen aus dem Canyon hinaus, doch das ist gar nicht so leicht. Aus der steilen Wand brechen große Steinbrocken und stürzen in den Bach unter uns. Wir dürfen nicht hintereinander klettern wie üblich, sondern nebeneinander mit entsprechendem Abstand. Die größten Schwierigkeiten hat Nanook, der aber tapfer mit uns klettert. Oberhalb des Canyons empfängt uns dichtes Buschwerk, das unseren Aufstieg beträchtlich verlangsamt.
Flott geht es erst wieder auf dem Gletscherausläufer voran, dessen oberste Schicht in der Nacht hartgefroren ist. Pickel und Steigeisen haben wir dabei, Seile, Haken und Eisschrauben ließen wir wegen des Gewichts im Camp. Freies Klettern ist angesagt, jeder kann sich nur auf sich selbst verlassen. Durch den Gletscherbruch steigen wir problemlos, auch Nanook bewältigt ihn sicher.
Der Gipfel unseres Berges, der wie ein riesiger steinerner Zuckerhut aus dem Gletschereis wächst, kommt immer näher. Nur noch ein Eisgrat, hinter dem die Gipfelwand aufragt, liegt vor uns.
Georg führt. Schon steht er auf der Kante des Grates und hebt sich markant vom tiefblauen Himmel ab.
Heute haben wir unglaubliches Glück mit dem Wetter. Ende September in Alaska auf dem Gletscher – es ist so warm, daß wir kurze Hosen tragen. Kein Lüftchen weht, keine Wolke am Himmel.
„Kommt schnell herauf, das ist ja sagenhaft schön hier!" ruft Georg vom Grat herunter.
„Was ist denn los da oben?" rufe ich zurück und kraxle so schnell wie nur möglich zu ihm hinauf.
„Gleich wirst du es sehen", macht er mich neugierig.
Als ich über die Eiskante schauen kann, erblicke ich einen kleinen See in einer Eismulde. Sein Wasser wechselt von zartgrün über türkis bis dunkelblau.
Nanook rennt hinunter, will von dem Wasser trinken, doch der Durst wird ihm fast zum Verhängnis. Er bricht auf der dünnen Eisdecke am Rande des Sees ein und schafft es nur mit größter Anstrengung, wieder festen Grund unter die Füße zu bekommen. Ein Glück, daß der Hund als erster zum See gerannt ist. Auch wir wollten hinunter zum Durstlöschen. Die Vorstellung, daß wir in kurzen Hosen unfreiwillig ein Vollbad im Eiswasser genommen hätten, läßt den Durst vergessen.
„Noch ein paar hundert Meter frei klettern, dann sind wir oben." Georg sagt es sichtlich zufrieden, denn es ist erst früher Nachmittag, der erfolgreiche Gipfelsturm ist kaum noch aufzuhalten.
In der Mitte der Wand finde ich einen guten Stand. Ich atme ein paarmal kräftig durch, dann blicke ich zu dem kleinen See hinunter, wo Nanook auf uns warten sollte.
„Der Kerl ist abgehauen!" melde ich zu Georg und Betlas hinauf, die schon einige Meter höher geklettert sind als ich.
„Der ist sicher zu Lenka und Jakob zurückgerannt. Dem war das Warten da unten zu langweilig", meint Betlas.
Nach einstündiger Kletterei haben wir die Felswand hinter uns und den Gipfel nun in greifbarer Nähe vor uns.
„Ja, was bewegt sich denn da oben?" frage ich verdutzt. „Das wird doch nicht unser Nanook sein?"
Der vierbeinige Erstbesteiger hockt auf dem Gipfel. Er hechelt, und die Zunge hängt ihm dabei weit heraus. Man könnte meinen, er lache uns aus. Und dazu hätte er sogar allen Grund. Denn er war schlauer als wir, er ist um das Felsmassiv herumgelaufen und hat dabei entdeckt, daß es von der Südseite viel leichter anzugehen ist, ohne Kletterei in einer Steilwand.
Georg gab dem Berg den Namen Friendship Mountain, den er schon tagelang mit sich herumgetragen hatte.
Mount Nanook hätte besser gepaßt!

Nanook sollte am Gletschersee unter dem Gipfelfels auf uns warten. Als wir hochkletterten, war er plötzlich verschwunden. Wiedergesehen haben wir ihn erst ein paar Stunden später – auf dem Gipfel. Er war um das Felsmassiv herumgelaufen und hatte einen bequemeren Aufstieg gefunden als wir. Auf der Südseite wies der Friendship Mountain nämlich keine senkrechte Wand auf, sondern einen Steilhang, den sogar der Hund bewältigen konnte. Als wir den Erstbesteiger Nanook auf dem Gipfel begrüßten, schien er sich darüber zu freuen, daß es ihm gelungen war, die dummen Menschen zu überlisten und abzuhängen.

Sturm im Lynn Canal

„Das ist doch heller Wahnsinn! Wir müssen sofort umkehren! Ich krieg' das Wasser nicht mehr aus dem Boot!" Lenka schreit und schöpft und schreit und schöpft.

Obwohl sich beide Boote dicht nebeneinander durch die Wellen kämpfen, geht ihre Stimme im Heulen des Sturms und der Motoren fast unter.

„Umkehren geht nicht!" rufe ich ebenso laut zu dem von Georg gesteuerten Boot zurück. „Wir müssen weiter, an der Hütte kann man bei dem Sturm nicht nochmal anlanden!"

Im Lynn Canal ist die Hölle los. Der ablandige Wind fegt uns mit gut 40 Knoten entgegen, türmt hohe Wellen auf, die auf die gegenläufige Strömung der Flut prallen. Ungeheure Wassermassen pressen sich durch den Fjord ins Landesinnere. Dazu gießt es von oben wie aus Kübeln.

„Lenka hat recht!" brüllt Betlas, der unser Boot steuert. „Wir müssen sofort an Land!".

Ich widerspreche entschieden: „Wo denn? Willst du, daß die Boote zerschellen?"

Die Brandung donnert mit solcher Wucht an die felsige Küste, daß jeder Landeversuch selbstmörderisch wäre.

Ein Blick auf die Karte. „Wir versuchen's hinter dem nächsten Kap. Da ist eine Bucht eingezeichnet."

„Wie weit ist das noch?" will Betlas wissen.

„Etwa zwölf Seemeilen."

Vielleicht ist es auch weiter. Ich kann die Distanz aus der Chart nicht herausmessen. Ständig droht mir der Wind die wasserdichte Kartenhülle aus der Hand zu reißen. Die Seen mit ihren weißen Kämmen sind extrem kurz und schlagen krachend gegen den Bug. Gischt weht mir ins Gesicht, das Salzwasser brennt in den Augen. Das Ölzeug und der Fleece-Anzug darunter halten mich nicht mehr warm. Hätte ich doch bloß die Angora-Unterwäsche angezogen! Aber wer konnte mit so einem Unwetter rechnen.

Jakob scheint der Höllenritt am wenigsten auszumachen. In der Obhut seiner Mutter hockt er relativ trocken in der Mitte des Bootes und hält sich mit beiden Händen an Nanooks Halskette fest. Dem Hund gefällt das Abenteuer Sturmfahrt offensichtlich überhaupt nicht, obwohl ihm die Kälte gewiß nichts ausmacht.

Die Dünung wird noch höher, auch in unserer „Quicksilver" schwappt das Wasser jetzt über den Bug, aber wenigstens nicht mehr, als durch die Lenzöffnungen wieder hinausfließt. Nach der Karte ist die Boat-Harbour-Bucht die einzige geschützte Ecke im Lynn Canal.

„Hier muß irgendwo die Stelle sein." Verzweifelt halte ich Ausschau nach der Einfahrt in die Bucht.

Die Chart ist sehr genau, hat uns noch nie im Stich gelassen. Hoffentlich auch jetzt nicht, wo wir in großer Not sind.

„Zwischen den beiden Felsen mußt du rein!" Endlich habe ich die Einfahrt entdeckt, die ich mir nicht so eng vorgestellt hatte.

„Du spinnst! Das kann niemals die Passage sein!" hält Betlas lautstark dagegen. „Das muß eine Bachmündung sein."

Ich bin mir meiner Sache inzwischen so sicher, daß ich lachend antworte: „Dein komischer Bach fließt aber aus dem Meer heraus statt hinein."

Hinter dem felsigen Rücken verbirgt sich eher eine Lagune als eine Bucht mit einem Durchmesser von etwa einem Kilometer. Sie füllt sich gerade, und die Flut läßt ihren Wasserspiegel um sieben Meter steigen. Die Einfahrt ähnelt in der Tat einem reißenden Gebirgsbach, keine zehn Meter breit. Mit einem größeren Boot würde ich mich da kaum hineinwagen. Die Strömung schätze ich auf gut fünfzehn Knoten.

Georg fährt mit der „Mammut" dicht hinter uns. Ich gebe ihm ein Zeichen, daß wir einbiegen. Zwischen den Felsen reißt der Wind völlig ab, befreit uns von dem beklemmenden Druck, den wir seit Stunden ertragen haben. In der Strömung jagen wir dahin, werden geradezu hineingesaugt in den Flaschenhals. Plötzlich öffnen sich die Felswände, ein märchenhafter See breitet sich vor uns aus. Nur dreihundert Meter entfernt tobt der Sturm weiter, und hier ist

Hätten wir auf die Bergtour in der Glacier Bay verzichtet und wären wir von dort einen Tag früher nach Skagway, das Endziel unserer Expedition, aufgebrochen, dann wäre uns der Sturm im Lynn Canal erspart geblieben. Am Anfang hatte ich noch fotografiert, aber als er auf Orkanstärke anschwoll, dachte ich nur noch ans Überleben. Und wieder gab es einen unter uns, der auch an diesem Höllenritt auf den Wellen noch Gefallen zu finden schien: Jakob, unser Junior.

die Wasseroberfläche fast glatt. Auch der Regen hat nachgelassen.
Boat Harbour meint es gut mit uns. Wir haben ein sicheres Refugium, den idealen Ankerplatz für eine ganze Regattaflotte gefunden. Doch kein einziges Boot ankert in der Lagune, die von unberührter Natur umgeben ist. Saftige Wiesen säumen die Ufer, dahinter dichter Wald, und noch weiter landeinwärts blicken hohe Berge durch die Wolken. Ein Bach mündet in den See. Er muß voll von Lachsen sein.
„Das ist ja ein Paradies!“ freut sich Lenka, als auch das zweite Boot die Lagune erreicht hat.
„Wer hat dir erzählt, daß es hier einen so zauberhaften See gibt?“ fragt mich ein zufriedener Georg.
„Niemand, reine Glücksache, ich habe die Bucht in der Chart entdeckt.“
„Wo schlagen wir das Lager auf?“ Betlas plagt ständig der Hunger und nach dieser Sturmfahrt ganz besonders.
„Vielleicht da drüben, wo der Bach einmündet?“ schlage ich vor.
„Gibt es da auch Fische?“ erkundigt sich Jakob.
„Siehst du sie nicht aus dem Wasser springen? Es sind Pink Salmons.“
Nanooks Bellen unterbricht das Gespräch. Er sieht einen Seehund im Wasser und zerrt wie verrückt an der Leine. Georg befreit ihn vom Halsband und schubst ihn ins Wasser. Der Seehund taucht, unser Schlittenhund aber schwimmt auf dem kürzesten Weg zum Ufer und rennt neben den Booten her.
Es ist schon Ende September, und unsere Reise geht bald zu Ende. Nach Skagway sind es nur noch knapp hundert Kilometer. Hätte das Wetter mitgespielt, wären wir schon heute abend in dem berühmten Hafen am Ende des Taiya Inlet angelangt.
Doch auch in der Boat Harbour Bay läßt sich's gut leben, und wir können zuwarten, bis die Tiefdruckfront abgezogen ist. Allen kommt hier zum Bewußtsein, daß wir es geschafft haben. Wir haben die alaskanische Pazifikküste mit so kleinen Booten befahren, wie sie Segler sonst als Beiboote benützen. Nun kann nichts mehr schiefgehen, wenn wir zur letzten Etappe bei ruhigem Wetter aufbrechen.

*

Es dauert nicht mehr lange und wir sind wieder in Watson Lake bei Said und Debra. Hier nehmen wir Abschied von Georg und Betlas.
Wenige Tage bevor der Clark Lake, unser See in den Nordwest-Territorien, zufriert, landet das Wasserflugzeug mit uns an Bord auf seiner spiegelglatten Fläche. Unsere zweite Heimat hat uns wieder, das Blockhaus, das ich vor Jahren in der Wildnis mit Freunden gebaut habe.
Am Clark Lake, weit entfernt von jeglicher Zivilisation, finde ich die Ruhe zum Bücherschreiben. Dort sind wir drei, Lenka, Jakob und ich, am glücklichsten.

Seite 113:
Der Sturm im Nordpazifik fing ganz harmlos an. Als wir unseren Zeltplatz in der Glacier Bay verließen, wechselten sich Sonnenschein und Schauer ab und zauberten die schönsten Regenbogen hervor. Doch das Barometer fiel so stark, daß wir mit Schlimmerem rechnen mußten.

Seiten 114/115:
Bei heftigem Regen und völlig ausgefroren erreichten wir kurz vor dem Dunkelwerden eine Hütte in Icy Strait. Am andern Tag wollten wir in Skagway, der legendären Stadt aus den Goldfieberjahren, ankommen. Der Orkan, der uns im Lynn Canal erwischte, machte unseren Plan zunichte. Auf der Chart, einer Generalkarte, wie sie Schiffsführer benützen, entdeckte ich die einzige geschützte Bucht, Boat Harbour genannt. Dort wetterten wir den Sturm ab und setzten unsere Fahrt mit viel Verspätung fort.

Als wir Boat Harbour endlich verlassen konnten, wurden die Boote von der Strömung, welche die Ebbe verursacht, durch die enge Passage buchstäblich in den Lynn Canal hineingesaugt.

Seiten 116/117:
Lynn Sisters heißen die beiden mit Nadelbäumen bewachsenen Felseninselchen, die wir am letzten Tag unserer Fahrt durch den Lynn Canal nach Skagway passierten. Mit ihren Fichtenperücken sahen sie in der Tat wie die Köpfe zweier Schwestern aus.

Über die Fotografie

Viele Jahre lang habe ich die Kamera meines Vaters ausleihen müssen und von einer eigenen nur träumen können. Endlich hatte ich das Geld beisammen und wurde stolzer Besitzer einer ostdeutschen Spiegelreflexkamera. Das Fotografieren bekam für mich eine neue Dimension.

Das Überdimensionale aber begann 1981, als ich erstmals meine neue LEICA R 4 in der Hand hielt. Sie ist immer noch aktiv. Ich habe sie Lenka, meiner Frau, vermacht, und die R 4 begleitet uns auf allen Reisen und Expeditionen.

Ich selbst bin auf die LEICA R 6 umgestiegen. Sie ist robust genug, um mit ihrem Ganzmetallgehäuse und dem batterieunabhängigen, mechanischen Verschluß jedes meiner Abenteuer mitzumachen. Mit ihr kann ich Belichtungszeit und Blende individuell einstellen und auch unter extremen Bedingungen fotografieren.

Die Fotoausrüstung halte ich so klein wie möglich. Nur drei Objektive begleiten mich, das ELMARIT-R 1:2,8/35 mm, MACRO-ELMARIT-R 1:2,8/60 mm und ELMARIT-R 1:2,8/180 mm. Mit diesen Objektiven meistere ich jede Situation, habe sie immer zur Hand und brauche nicht viel zu tragen. Die Kamera darf mir nie zur Last werden. Ich verbanne den Gedanken, daß ich hie und da doch besser dieses oder jenes andere Objektiv hätte einsetzen sollen. Bei der Inside-Passage-Expedition, wie ich unsere Alaska-Reise nannte, kam ich ohne Blitzgerät aus. Dafür packte ich reichlich Filme ein. Zum erstenmal sind sie mir nicht ausgegangen – schließlich waren es mehrere hundert Rollen.

Seit vielen Jahren benütze ich ausschließlich KODAK-Filme, mit denen ich nur gute Erfahrungen gemacht habe. Zwei Filmsorten habe ich immer dabei:

KODACHROME 25: den schärfsten Dia-Farbfilm, den ich kenne. Ich benutze ihn an sonnigen Tagen oder in den Gletscherbergen.

KODACHROME 64: Die höhere Filmempfindlichkeit erlaubt schnellere Verschlußzeiten und kleinere Blenden.

Aber nicht nur wegen der Schärfe und der hervorragenden Farbqualität habe ich mich immer wieder für KODAK-Filmmaterial entschieden, ein halbes Jahr lang habe ich belichtete Filme ohne Qualitätsverlust mitgeführt. Und noch ein Vorteil wiegt für mich schwer: Das Filmmaterial wird auch bei tiefster Kälte, wie sie in Nordkanada und Alaska herrscht, nicht brüchig.

So stellt sich meine Entscheidung immer wieder als richtig heraus. Auf meine Kameras und meine Filme kann ich mich jederzeit hundertprozentig verlassen.

Seite 119:
Nur die Seehunde, die sehr scheu sind, mußte ich mit dem 180-Millimeter-Objektiv aufnehmen. Alle anderen Tiere, die ich an der alaskanischen Pazifikküste fotografierte, ließen mich so nahe zu sich heran, daß das 60-Millimeter-Objektiv ausreichte.

Seite 120:
Mit der Kamera meiner Frau, der LEICA R 4, nahm ich das letzte Bild dieses Buches auf. Am Stikine River schraubte ich die Kamera in der Nacht auf das Stativ und ließ sie automatisch belichten. Es dauerte einige Sekunden, bis der Auslöser klickte.

MERCURY
MERCURY
Leica

Leosch Schimanek

„Wenn ich nicht versucht hätte,
das Unmögliche zu erreichen,
hätte ich auch nicht das Mögliche erreicht."

ROSSIJA
RUSSLAND
ČUKOTSKOJE MORE
CHUKCHI SEA
TSCHUKTSCHENSEE
BEAUFORT SEA
BEAUFORTSEE
BROOKS RANGE
BROOKSKETTE
Alaska
(USA)
Northwest
Territories
Yukon Territory
CANADA
KANADA
MACKENZIE MOUNTAINS
BERINGOVO MORE
BERINGMEER
BERING SEA
Norton Sound
SEWARD PENINSULA
SAINT LAWRENCE
NUNIVAK
KUSKOKWIM MOUNTAINS
ALASKA RANGE
CHUGACH MOUNTAINS
SAINT ELIAS MOUNTAINS
KENAI PENINSULA
KODIAK
Gulf of Alaska
Golf von Alaska
Bristol Bay
ALASKA PENINSULA
ALASKAHALBINSEL
ALEUTIAN RANGE
PRIBILOF ISLANDS
FOX ISLANDS
UNIMAK
UMNAK
UNALASKA
ALEUTIAN ISLANDS
ALEUTEN
Aleutengraben
Aleutenbecken
ALEXANDER ARCHIPELAGO
QUEEN CHARLOTTE ISLANDS
British Columbia
COAST MOUNTAINS
KÜSTENGEBIRGE
PACIFIC OCEAN
PAZIFISCHER OZEAN
Anchorage
Fairbanks
Juneau
Whitehorse
Nome
Barrow
Prince Rupert
Mount McKinley
Mount Logan